Lotte Tobisch
Auf den Punkt gebracht

W0191572

Im Alter fühle ich mich jung,
wenn ich zu schreiben beginn;
das Denken in der Dämmerung
verleiht dem Tag noch Sinn.

Lotte Tobisch
Auf den Punkt gebracht

Ansichten einer Lady

Aufgezeichnet
von Michael Fritthum

Amalthea
Verlag

Bildnachweis
Michael Fritthum (17, 78, 79, 121, 137, 149, 171, 205), Anneliese Fritthum (33), NLK Pfeiffer (54), Archiv Lotte Tobisch (55), Osgith Benning (103)

Die in diesem Buch gesammelten Kolumnen erschienen zwischen 2015 und 2018 im Magazin *NEWS*. Sie wurden thematisch sortiert und überwiegend unbearbeitet übernommen. Somit sind die vorliegenden Texte speziell hinsichtlich politischer Ereignisse, der Besetzung von Ministerposten und Ämtern und Ähnlichem nicht als tagesaktuell zu verstehen, sondern als Zeitdokument der vergangenen drei Jahre. Weiterführende Gedanken zu der jeweiligen Kolumne findet der geneigte Leser auf der gegenüberliegenden linken Seite.

Besuchen Sie uns im Internet unter: amalthea.at

© 2019 by Amalthea Signum Verlag, Wien
Alle Rechte vorbehalten
Umschlaggestaltung: Elisabeth Pirker/OFFBEAT
Umschlagfoto: © Ian Ehm/VGN/picturedesk.com
Herstellung und Satz: VerlagsService Dietmar Schmitz GmbH, Heimstetten
Gesetzt aus der 11,75/14,75 Minion Pro
Designed in Austria, printed in the EU
ISBN 978-3-99050-147-4

Inhalt

III Österreich ist eine kleine Welt, in der die große ihre Probe hält

IV Wer ist stärker, i oder i?

V Leck mich am Auspuff!

VI Die Eitelkeit der Frauen ist fast so groß wie die der Männer

VII Jede gute Tat rächt sich

VIII Was du tust, tu es klug und bedenke das Ende

IX Ich weiß nicht, was soll es bedeuten, dass ich so traurig bin?

X Wo Gefahr ist, wächst das Rettende auch!

EPILOG

Vorwort

Heinz Sichrovsky

Der Telefonanruf am Sonntag um neun ist eines der Rituale, ohne die mir etwas fehlen würde. »Tobisch«, klingt es da im distinguiertesten Burgtheater-Österreichisch. »Also, ich hätt wieder was verbrochen. Aber ich glaub nicht, dass Sie es nehmen werden.« Dann folgen per Diktat zwölfeinhalb lange Zeilen von einer makellosen Geschliffenheit, einer Eleganz im Durchblick, wie sie heute kaum noch ein professioneller Journalist zusammenbringt.

Anfang 2015 hatte ich ihr den Vorschlag zur wöchentlichen Kolumne im Wochenmagazin *NEWS* unterbreitet. Ratschläge einer älteren Dame von Welt sollten das sein, tunlichst an jüngere Damen mit Orientierungsproblemen in besagter Welt. Sie sei für das Artikelschreiben nicht gerüstet, versicherte Lotte Tobisch in ihrer Dachwohnung über dem Opernring. Ich müsse ihr die Arbeit schon abnehmen, zumindest die der Feinformulierung und der Endfertigung. Ich habe dieses Verfahren schon erfolgreich mit ungeduldigen Literaturnobelpreisanwärtern gepflogen. Lotte Tobisch hielt es keine zwei Wochen aus. Von den Damenthemen war gleich keine Rede mehr. Die Kolumne wurde hochpolitisch, ein Leuchtsignal der Herzensbildung und die Stimme des Menschenverstandes gegen krawall- wie korrektheitspopulistische Kundgebungen.

Und dieses Wissen! Betörend ist das, mit einem Menschen Umgang zu pflegen, der »Teddy« sagt und keinen vergessenen ORF-General, sondern Adorno meint. Oft schließt die Kolumne mit einem klassischen Zitat, das ich – in Erinnerung an Schulzeiten, zu denen man sich im Literaturunterricht noch an Goethe statt an Leserbriefen erprobt hat – erst selbst wieder aufrufen muss. Als sie nach einem halben Jahr überlastungshalber die Umstellung auf den Vierzehntagerhythmus erbat, tat es ihr schon beim Erscheinen der ersten Konkurrenzkolumne leid. Umso mehr, als die Gage an das von ihr präsidierte Künstlerheim in Baden geht. Alles andere wäre nicht comme il faut für eine Frau von Welt.

Zwei Mal ist die Kolumne ausgefallen. Da kämpfte Lotte Tobisch, die ihre Manuskripte mittels beherztem Zweifingereinsatz einer historischen Olympia-Schreibmaschine abtrotzt, gegen lebensbedrohende Komplikationen nach einem Bruch des rechten Handgelenks. Es war ein qualvoller Genesungsprozess, aber einer ohne Alternative: Dem Künstlerheim die ordnende, beschützende Hand entziehen? Den *NEWS*-Menschen auf seinen zwölfeinhalb langen – oder 37 kurzen – Zeilen sitzen lassen? Kein Thema für die Wundergeneration der 90-Jährigen, der auch Hugo Portisch und Arik Brauer angehören.

Und, klar, den Opernball hat sie geleitet, 16 außerordentlich erfolgreiche Jahre lang. Selbst kein Ballbesucher, kann ich ihr meine diesbezügliche Bewunderung nur vom Hörensagen übermitteln. Wenn ich mir allerdings den Mythos dieser 16 Jahre vergegenwärtige, in denen der Ball dermaßen bedeutend war, dass es gegen ihn sogar etwas zu demonstrieren gab, dann frage ich mich, ob ich nicht doch etwas versäumt habe. Ob drinnen oder draußen, kann ich mir ja überlegen, wenn das Ehrenamt verrichtet und der Freundschaftspflicht Genüge getan ist: dem Buch der großartigen Lotte Tobisch einen ebensolchen Weg ins Leben zu wünschen.

Zum Geleit

Im Laufe meines langen Lebens habe ich immer gerne geschrieben. In der Jugend romantische Poesie, später Leserbeiträge und Geschichten für diverse Zeitungen zu verschiedenen Gelegenheiten über Allerlei. Das Tippen auf der Schreibmaschine machte mir in jedem Lebensabschnitt großen Spaß.

Als der Amalthea Verlag anlässlich meines 90. Geburtstages im Jahr 2016 ein zweites Buch von mir herausbringen wollte, dachte ich, dass der Moment gekommen sei, um mit dem Schreiben aufzuhören. Hat doch alles, wie ich bei jeder passenden (und zuweilen auch weniger passenden) Gelegenheit gerne betone, seine Zeit. Aber das Schicksal meinte es wieder einmal gut mit mir und brachte Heinz Sichrovsky, Gründungschefredakteur und Kulturchef des Wochenmagazins *NEWS*, auf die Idee, aus mir, der 90-Jährigen, eine Nachwuchs-Kolumnistin zu machen. Und da ich zu dem Anfangen-zum-Aufhören ohnehin keine wirkliche Lust verspürte, ließ ich mich auf dieses Abenteuer ein.

Seither schreibe ich im Zweiwochenrhythmus Gedanken und Kommentare über Aktuelles und erfahre mit jeder Kolumne, wie das Gestern auf der medialen Schnellstraße vom Heute überholt wird. Soeben gelesene Zeitungen sind heute bedeutend älter als sie es noch in meiner Jugend waren. Und so kam ich auf die Idee, meine »alten« Kolumnen meinen heutigen Überlegungen gegenüberzustellen, um ihre Aktualität wiederzuentdecken. Ich wünsche meinen Lesern vergnügliche Stunden bei der Lektüre dessen, was mir am Herzen liegt und lag.

Ihre
Lotte Tobisch

Wien, im Februar 2019

I Das gehört zu den aussterbenden Möpsen

Ein Mops aus der Stofftier-
menagerie, Flohmarkt im
Künstlerheim 2018

Das Alter, welches wir zu erreichen wünschen, bedrückt uns, wenn wir es erreicht haben. Spätestens dann verstehen wir die konfuzianische Weisheit, dass es der Weg und nicht das Ziel ist, worauf es ankommt.

Doch wenn ich ein Mops wäre, wäre das aus meiner zugegebenermaßen menschlichen Sicht ganz und gar nicht so, denn Möpse, wie alle Hunde, bleiben nicht nur auf ihrem Weg, sondern auch am erreichten Ziel glücklich und froh. Beneidenswert, aber mir zu wenig, obwohl meine Personenbeschreibung an die eines Mopses erinnert. Auch meine Vorfahren finden sich in den Annalen längst vergangener Zeiten, waren vornehmlich, wenn schon nicht immer vornehm, in »besseren« Kreisen zu Hause und genossen zuweilen den despektierlichen Ruf, Selbstdarsteller zu sein. Da ich, wie der Mops, nicht den üblichen Normen entsprach, galt ich für manche Spießer aus meinen Kreisen als komisches Wesen, wodurch ich wiederum, wie Möpse im 18. Jahrhundert, Verwendung im Theater fand.

Nun lebe ich bereits in meiner zehnten Lebensdekade und bin gespannt, wo und wie die noch unvollendete Reise enden wird. Dass ich zu guter Letzt eine Straße ohne Wiederkehr gehen muss, ist gewiss. Aber weniger gewiss ist, was mich bis dahin erwartet.

Man verzeihe mir, wenn die mit Neugier gestellte Frage nach dem Wohin in meinem Alter unangemessen erscheint, aber ich kann nicht anders. Und wenn ich, wie ein Mops, trotz Älterwerdens, an Ausdruck gewinne, dann soll mir diese Ähnlichkeit mit den Möpsen willkommen sein.

Der Mops ist auferstanden

Es ist schon wunderbar: Die Möpse feiern endlich wieder fröhliche Urständ. Über Jahrzehnte waren sie aus dem Straßenbild verschwunden, die köstlichen Möpse, ohne die, wie der große Loriot behauptete, das Leben ziemlich sinnlos ist; und die der berühmte *Tierleben*-Brehm wiederum nicht leiden konnte, weshalb er den Mops als »Altjungfernhund« und als »treues Spiegelbildnis solcher Frauenzimmer« bezeichnete. Es gab sie nur noch als Metapher für Unzeitgemäßes in der Redensart »das gehört zu den aussterbenden Möpsen«. Jeder, der nicht a priori für neue Errungenschaften zu begeistern war – egal, ob es sich dabei um Kleider, Umgangsformen oder Neusprech handelte –, gehörte zu den aussterbenden Möpsen.

Aber wie Figura zeigt, heißt aussterben noch lange nicht gestorben sein. Die witzigen, liebevollen Hundemöpse wie ihre als Menschenmöpse abgestempelten Freunde erfreuen sich bester Gesundheit. Es ist zu hoffen, dass die Mops-Wiederentdeckung auch manch andere Wiederentdeckung anregt.

Hochbegabte Menschen fallen anhand ihrer Kreativität und Originalität auf. Dadurch kommt es mitunter zu unkonventionellem Fehlverhalten, mit dem sie die Gesellschaft brüskieren. Das Ventil, um den dadurch entstehenden Druck auszugleichen, ist der schöpferische Akt.

Ein solches Ventil im Vorfeld der Französischen Revolution war die literarische Strömung des Sturm und Drang. Getragen von jungen Autoren in der Zeit zwischen 1765 und 1785, ist sie nicht nur jahreszahlmäßig, sondern auch inhaltlich mit der zweihundert Jahre später stattfindenden 68er-Bewegung in Verbindung zu bringen. Es war ein Versuch, den von Kant formulierten »Ausgang des Menschen aus seiner selbstverschuldeten Unmündigkeit« zu finden.

Und was ist in unserem gesellschaftlichen Alltag von alldem damals genial Erstrebten geblieben? Nicht viel mehr als ein Zitat des jungen Goethe. »Er kann mich im Arsche lecken« machte sowohl den fränkischen Reichsritter Götz von Berlichingen als auch den jungen Dichter im deutschen Sprachraum unsterblich. Das gibt zu denken, hat doch der historische Götz laut seinen Aufzeichnungen dem mainzischen Amtmann auf Burg Krautheim die weniger drastische Formulierung »er soldt mich hinden leckhenn« zugerufen. Aber, ob das die Wirkung erzielt hätte, die Goethe bei uns Benimm-dich-Bürgern erzielen wollte? Nein, natürlich nicht! Er wusste, dass er ohne den »Arsch«, in dem ihn der Hauptmann lecken kann, in der hohen Literatur und in der guten Gesellschaft keinen Stich machen würde.

Was wäre aus Goethe wohl geworden, wenn er in seiner Jugend Benimmstunden bei Elmayer genommen hätte?

Schlag nach bei Elmayer!

Nun also ist er endlich erschienen, der *Große Elmayer*, längst fällig zur Wiederentdeckung des im Laufe der Zeit abhandengekommenen zivilisierten Umgangs der Menschen miteinander. Durch die miserablen verbalen und sonstigen Verhaltensweisen von Protagonisten unserer Gesellschaft bei jeder Gelegenheit und auf allen Gebieten steht längst nicht mehr das bessere Argument im Mittelpunkt eines Disputs. Sondern er dient immer mehr und um jeden Preis egomanisch der persönlichen Karriere des Redners. Dass dieser Missbrauch demokratischer Möglichkeiten bereits – deutlich sichtbar bei Wahlergebnissen und Umfragen – die verunsicherten und orientierungslosen Wähler mobilisiert, die dann am Ende das errungene demokratische System infrage stellen können, und dass die hysterischen Selbstverwirklicher sich dabei noch selbst abschaffen, ist ihnen wohl entgangen.

Schlechtes Benehmen verdirbt gute Sitten, sagt das Sprichwort. Der *Große Elmayer* lehrt uns, dass auch gute Sitten beispielhaft sein können und ein sinnvolles Miteinander oder Nebeneinander von Freund und Feind ermöglichen, ohne ein Schlachtfeld mit erniedrigten und beleidigten Rächern zurückzulassen.

Dass ausgerechnet die seit 1951 13. [!] Direktwahl eines österreichischen Staatsoberhauptes durch das Bundesvolk derart in die Hosen gehen konnte, wie sie 2016 im In- und Ausland wahrgenommen wurde, könnte einen wirklich abergläubisch machen. Über sieben Monate Wahlkampf waren vonnöten, bis Alexander Van der Bellen diesen Spießrutenlauf für das höchste Amt im Staat für sich entscheiden konnte. Das hatte so manches Erfreuliche, aber auch Unerfreuliches zur Folge. Da fiel es mir schwer, nicht an den von Oswald Spengler vorhergesagten Untergang des Abendlandes zu denken.

Mit dem Denken fällt mir immer wieder sogar etwas »Denkwürdiges« ein. Zum Beispiel jene prophetischen Worte Grillparzers in seinem Historiendrama *Ein Bruderzwist in Habsburg*, die darauf hinweisen, dass Gesellschaftsordnungen eher durch innere Schwächen als durch äußere Bedrohungen gefährdet sind.

Warum das immer so war und immer so sein wird, ist schwer zu sagen. Vielleicht hat es damit zu tun, dass der Mensch von außen kommende Schicksalsschläge leichter erträgt als selbst verschuldetes Leid, da er den Gedanken der Mitverantwortlichkeit für das, was um ihn geschieht, wie der Teufel das Weihwasser scheut. Und das ist in einer Demokratie, in der alle Mitverantwortung tragen sollten, ein ernst zu nehmendes Problem, führt doch die Angst, Verantwortung tragen zu dürfen, im Handumdrehen zu einem politisch folgenschweren Freiheitsverlust.

Denken wir daran, wenn wir das nächste Mal mit einem gesellschaftlichen Problem konfrontiert werden.

Nachlese zum Wahlkampf

Merkt wirklich niemand, dass die viel beschworene westlich-abendländische Kultur viel mehr von innen als von außen bedroht ist? Glaubt wirklich noch jemand, dass sie mit Zäunen gerettet werden kann? Es braucht wahrlich keine gelehrten Betrachtungen, sondern nur ein bewusstes Zuhören und Hinschauen, um zu sehen, wie die einfachsten Regeln für ein leidliches Funktionieren des Zusammenlebens während der letzten Jahre total zerbröselt sind.

So ist die Gedanken- und Redefreiheit des Andersdenkenden zu einem Mörderangriff mutiert, der im politischen Alltag mit Hass, Wut und Niedertracht in Trump-Höhe bekämpft werden darf. Ein Vorbild für den neuen Common Sense im Umgang miteinander. Und die EU? Was macht sie? Sie wackelt hin und her wie ein Schlafwandler auf dem Dachfirst zwischen Brexit und Exit-Drohungen, zwischen Ölkartellen und Gurkenkrümmung und dem Versuch, den Teufel mit dem Beelzebub auszutreiben. »Nicht Skythen und Chazaren bedrohen unsre Zeit, nicht fremde Völker: Aus eignem Schoß ringt los sich der Barbar, der ohne Zügel alles Große herabstürzt von der Höhe, die es schützt, zur Oberfläche eigener Gemeinheit.« (Grillparzer, gekürzt)

»Da steh ich nun, ich armer Tor!/Und bin so klug als wie zuvor«. Diese geflügelten Worte am Beginn von Goethes *Faust* gewinnen im Alter an Bedeutung, zieht doch jede neue Erkenntnis eine Schleppe an Fragen nach sich, die nicht zu beantworten sind. Auch nicht, wenn man, wie ich, 90 und mehr Jahre geschenkt bekommt. Spätestens dann wird einem klar, dass die in der Kindheit hoffnungsvoll begonnene Suche nach dem Wie und Warum kein Ende nimmt. Wir müssen vorliebnehmen mit dem, was uns das Leben zukommen lässt: jene Gesamtheit aller Eindrücke, die das Alter von der Jugend trennt.

Aber während Lebenserfahrung auf subjektivem Wissen beruht, schaut ja das aufgeklärte Objektive zumeist verachtungsvoll auf das aufklärungsunwürdige Subjektive herab. Vor allem, wenn eine neu veröffentlichte Studie das bisher Geglaubte widerlegt.

Nun möchte ich keinen Zweifel daran lassen, dass die Wissenschaft der Menschheit viel Glück und Segen beschert hat. Doch dort, wo sich eine Weltanschauung selbst zu feiern beginnt, ist es mit der Objektivität schnell vorbei, und noch schneller, wenn Geld und Macht mitbestimmende Faktoren sind. Wissenschaft als Geschäft verstärkt die Neigung, eigene »Ergebnisse« schönzureden.

Daher plädiere ich für einen wohlüberlegten Umgang mit neuen wissenschaftlichen Studien. Doch Vorsicht scheint mir auch hier geboten, sind ja diese Studien nichts anderes als Grundlagen für weitere Studien. Wissenschaftlich haltbare Beweise habe ich dafür keine, doch rät mir meine über 90-jährige Lebenserfahrung dazu – und mit der bin ich bisher recht gut gefahren.

So werden wir entmündigt

Nun endlich wissen wir es: Es ist wissenschaftlich belegt, dass weder die Pommes noch die Gummibärli noch die für die ganze Familie nachgewiesenermaßen gesunde Kindermilchschnitte als Zwischendurchgenuss beim Fernsehfußballmatch dran schuld sind, dass viele Jugendliche und ihre Eltern immer fetter werden. Auch die gewohnten Biohühnerriesenburger für die Hauptmahlzeit haben nichts mit dem Übergewicht der ebenfalls wissenschaftlich nachgewiesenen 44 Prozent übergewichtiger Mitbürger in unseren Breitengraden zu tun. Denn nun ist endlich auch wissenschaftlich belegt, dass die Gewichtsentwicklung eines Menschen mehr oder weniger von der Qualität seiner Gene bestimmt wird.

Also wird dem Problem wohl nur mit einer neuen Antifettsuchtpille beizukommen sein, zumal der Erfolg der veralteten, mühsamen Abspeckmethode »Friss die Hälfte« nicht mehr eindeutig wissenschaftlich nachgewiesen werden konnte. Wenn man seinen Gedanken freien Lauf lässt, kann man in der Entschlüsselung des Fett-Gens wieder einmal eine effiziente Methode zur totalen Entmündigung der Menschen sehen. Cui bono? (Wem zum Vorteil?)

Es gilt selbstverständlich wie immer die Unschuldsvermutung.

Wäre es nicht paradox, wenn man die in Gang gesetzte Automatisierung aller Lebensbereiche nach Lust und Laune entautomatisieren könnte? Lassen sich selbstständig handelnde Systeme und Maschinen so mir nichts dir nichts vom Menschen ins Handwerk pfuschen, hat doch dieser ihnen die Lösung seiner Aufgaben und Probleme auf Gedeih und Verderb überantwortet? Was ist dagegen zu sagen, wenn sich die mittlerweile sich vertausendfachenden Windräder über den Feldern und Gewässern unermüdlich und vor allem selbstständig in den Wind drehen?

Eigentlich nichts, außer dass einem beim Stellen dieser Fragen ein wenig mulmig wird. Es könnte sein, dass die selbst denkenden Automaten in einer unmittelbaren Zukunft nicht so freiwillig wie wir auf die Freiheit ihrer Selbstbestimmung verzichten werden. Oder hat der von Automatismen umgebene Mensch vergessen, was uns die Kunst bereits zu Beginn der Automatisierung gelehrt hat? Man denke an Goethes *Zauberlehrling*, der den harmlos dienlichen Besen zum nicht mehr gehorchenden Automaten verfremdet.

Ein Vierteljahrhundert nach Entstehung dieses epochalen Werkes über Segen und Fluch der für den Menschen arbeitenden Automaten schuf der Pädagoge Friedrich Fröbel die Wortkomposition »Freizeit«. Sie bezeichnete jene selbst zu gestaltende Zeit, die er den ihm anvertrauten Zöglingen aus pädagogischer Einsicht »zur Anwendung nach ihren persönlichen und individuellen Bedürfnissen« freigab – eine Befreiung von Auferlegtem zum Zwecke autonomer Entfaltung. Jene Voraussetzung, um den von uns geschaffenen Automaten der Zukunft die Stirn bieten zu können.

Wir hetzen der Freizeit hinterher

Es ist so weit: Demnächst wird unser liebstes Spielzeug, das Automobil, das Versprechen seines Namens, auto-mobil, endlich einlösen. Wie uns schon jetzt die Waschmaschine, der Geschirrspüler, der Rechner und die gesamte Internetpalette das Selbstarbeiten und -denken ersparen, so wird demnächst das Lenken beim Autofahren ebenfalls obsolet sein – und dem Lenker damit zusätzliche Freizeit beschert werden.

»Die Zeit, die ist ein sonderbar' Ding«, stellt die Marschallin im *Rosenkavalier* fest. »Wenn man so hinlebt, ist sie rein gar nichts. Aber dann, auf einmal, da spürt man nichts als sie.« Und so ist es auch. Denn je mehr Zeit die Menschen für sich zur Verfügung haben, desto mehr geht sie ihnen ab, hetzen sie ihr hinterher, bis zur Erschöpfung. Und falls sie dann doch einmal einen Zipfel der davongelaufenen Zeit zu fassen bekommen, müssen sie erkennen, dass es nicht ihre Freizeit ist, der sie nachgehetzt sind, sondern dass diese längst vom professionellen Freizeitnutzungswirtschaftssystem geschluckt wurde, dessen Daseinszweck und Zauberwort »Shoppengehen« heißt. Wie sagt die Marschallin am Schluss des Monologs? »Und man ist dazu da, dass man sie erträgt.« Doch in dem Wie liegt der ganze Unterschied.

Um es vorweg klarzustellen: Nicht wir Österreicher, sondern die Franzosen tragen die Schuld für den ewigen Zores mit unserem heiß geliebten, viel geschmähten Heldenplatz. Denn wenn deren Besatzungstruppen 1809 nicht einen Teil der Burgbastei mutwillig in die Luft gesprengt hätten, wären die genügsamen Wiener vermutlich nie auf die Idee gekommen, den Bereich vor der Hofburg einzuebnen und als Erholungsraum zu gestalten. Damit begann die Misere nicht enden wollender Debatten darüber, wer hier wie verewigt werden soll.

So feiert das Getue um den Platz seit einigen Jahren wieder fröhliche Urständ. Politiker, deren Amtszeit so kurz ist, dass nicht einmal Denkmäler ihre Namen in Erinnerung rufen könnten, verkünden die Neugestaltung und Neubenennung des denkmalgeschützten Ortes, als ob es sich um ihre private Spielwiese mit daraufstehendem Sandkasten handle.

Dabei gehört der Heldenplatz, wie ihn mittlerweile Millionen im In- und Ausland kennen, zum kulturell Sehenswertesten, was die Stadt zu bieten hat. Zeitlebens habe ich diesen einzigartigen Ort auf meinem Weg zum Burgtheater genossen und versucht, meinen von auswärts kommenden Gästen die Einmaligkeit des Gesamtkunstwerkes Wien mit der Passion des Einheimischen näherzubringen. Heute frage ich mich, ob die Wienerinnen und Wiener diese Passion für den historisch-kulturellen Wert ihrer Stadt noch teilen.

Aber wird nicht zu guter Letzt jeder, der sich auf Wien einlässt, unweigerlich mit den drei von Arthur Schnitzler überlieferten Floskeln »Wie komm denn i dazu? Es zahlt sich ja net aus! Tun S' Ihnen nix an!« konfrontiert?

Geschichten vom hohen Ross

Es ist immer wieder erstaunlich, was unseren Politikern, egal, ob von rechts oder links, alles einfällt, um in ihrer jeweiligen Funktion von ihren Wählern wahrgenommen zu werden. So konnte man zum Beispiel lesen, dass dem zuständigen Minister anlässlich der beabsichtigten Neugestaltung des Heldenplatzes auf die Frage nach der Möglichkeit einer Entfernung der beiden Denkmäler keine bessere Antwort einfiel als: »Da würde wohl das Denkmalamt Einspruch erheben.«

In Anbetracht dieses Ministerworts sollte man das Denkmalamt um Aufstellung eines dritten Pferdes ersuchen: ein reiterloses Pferd, reserviert für die Ideenvorreiter aller politischen Couleurs zwecks der jeweiligen Heilsverkündigung mittels Selbstdarstellung. Vom hohen Ross verkündet, wäre ja auch die Öffentlichkeit besser informiert und uns vielleicht erspart geblieben, dass Dominique Meyer und Agnes Husslein, zwei der erfolgreichsten Leiter unserer Kulturtempel, in die Wüste geschickt werden. Und auch, dass das als Haus der Geschichte Österreich konzipierte Museum nun zur Darstellung eigener Bedeutung von 1000 auf 100 Jahre heruntergeschrumpft wird. »Ein Pferd, ein Pferd, ein Königreich für ein Pferd«, sagt Richard III.

Politische Krisenherde gab es zu allen Zeiten in allen größeren Kulturen. Daran hat auch die Neuordnung Europas nach dem Zweiten Weltkrieg mit den, man möchte fast sagen erwarteten, Eskalationen im Ost-West-konflikt wenig verändert. Auch das groß angelegte Friedensprojekt Europäische Union konnte, trotz der auf dem Kontinent beklagten 100 Millionen Toten im 20. Jahrhundert, keine der seither bedrohlichen Krisen verhindern.

Sicherheit als gemeinsames Lebensideal war in der österreichisch-ungarischen Monarchie, laut Stefan Zweig, der »anstrebenswerteste Besitz von Millionen«. Und das, obwohl die Regentschaft von Kaiser Franz Joseph durch eine Fülle verlorener Kriege mit verheerenden Folgen sowie einer Massenzuwanderung ohne gesellschaftlich-entschärfende Sozialpolitik geprägt war. Ermöglicht hat diesen Widerspruch ein liberalistischer Idealismus, der unbeirrbar den vermeintlich »geraden und unfehlbaren Weg zur ›besten aller Welten‹« weiterging. Für alle, die daran glaubten, wurde Fortschritt zur Religion, Toleranz und Konzilianz zu bindenden Kräften in einem multikulturellen Reich der Gegensätze, die sich im Glanz des greisen Monarchen Franz Joseph gleichsam gottgewollt in Wohlwollen auflösten.

Wie wir wissen, kam alles anders. Machen wir daher nicht denselben Fehler wie unsere Vorfahren und betrachten wir die Unzulänglichkeiten früherer Zeiten mit dem Bewusstsein, dass auch wir auf unserem Weg zur vermeintlich »besten Welt« nicht vor großen Irrtümern gefeit sind. Insofern hat Kaisers Geburtstag uns heutigen in Europa lebenden Österreichern noch Zukunftsweisendes zu sagen.

Zu Kaisers 187. Geburtstag

Für den österreichischen Monarchiebürger war der 18. August in doppelter Hinsicht ein bemerkenswertes Datum. Es war der Geburtstag des Kaisers und gleichzeitig der Stichtag, den man als Anfang vom Ende des Feriensommers bezeichnete. Jener Jahreszeit, die vor allem die Bürger der Städte, wenn irgend möglich, in der ersehnten frischen Luft verbrachten. So war es seit Menschengedenken, und der franzisko-josephinische erratische Block von drei Generationen war *der Garant* für unerschütterliches Weiterbestehen. Die nahe Katastrophe war unvorstellbar, war undenkbar.

Und was ist heute? Da können wir zwei spätpubertäre Staatshäuptlinge mit dem Entsetzen Scherz treiben sehen und einer EU zwischen Grenz- und Bananenkontrollen, ertrunkenen Flüchtlingen und totaler Hilflosigkeit zuschauen, während Gauner und Waffenhändler das Elend zu Geld machen. Die vierte Generation seit der Urkatastrophe 1918 ist schon geboren. Aber mehr als 70 Jahre relativen Friedens scheinen den Menschen nicht zumutbar zu sein. Da denke ich plötzlich an Kaisers Geburtstag als Anfang vom Ende des Feriensommers. Und mich fröstelt's. Ich spüre den nahen Herbst. Und man kann nur hoffen, dass es ein milder wird.

II Am Anfang war das Wort ...

Altmodisch
und verlässlich

Worte sind noch keine Taten, sondern deren Wegbereiter. Vor allem dann, wenn sie auf unserer geistigen Leinwand Bilder malen. Wer das weiß und die Maltechniken dafür kennt, kann die Wirkung seiner hingepinselten Worte in hohem Maße selbst bestimmen.

Doch zum Leid der Demokratie lässt sich das Volk gerade mit solchen Worten vortrefflich einfangen. Politiker, die im Wahlkampf mit Fakten punkten wollen, erkennen spätestens am Wahlabend, wie wahlentscheidend Bilder und nicht Fakten sind. Man denke an Donald Trumps Wahlerfolg mithilfe chaotisch zusammengewürfelter Metaphern wie »China vergewaltigt unser Land, aber wir halten alle Karten in der Hand, vergesst es nicht!«. Ein metaphorischer Unsinn, der dem frisch von der Leber weg sprechenden Amerikaner den Anstrich von Authentizität verlieh und zum Wahlsieg verhalf.

Populisten bedienen sich aus dem Füllhorn des Populären, was dem Populus nicht unsympathisch ist. Hinzu kommt, dass (angebliche) Nichtpopulisten ihren populistisch agierenden Widersachern allzu unüberlegt die Kunst der Verführung mit Halbwahrheiten und Sprachbildern vorwerfen, selbst aber auch nichts weiter als die Macht durch den Populus gewinnen möchten. Ein im Geiste der Aufklärung schwieriges Unterfangen, gehorcht doch die Masse viel eher archaischen Gesetzen als der Vernunft.

Bildliche Zuspitzungen sowie tabubrechende Prahlerei sollten im Idealfall nie zur Methodik eines Wahlkampfes werden, sonst verkommt der dadurch in den Wahlzellen stattfindende Stimmengewinn schneller als uns allen lieb sein kann zu einem demokratiepolitischen Verlust.

Eins zu null für den IS

Im Anfang war das Wort. Und alles, was seither geschah, begann immer mit einem Wort, einem bedachten oder unbedachten, in böser oder guter Absicht oder einfach nur so dahingesagt. Kaum wahrgenommen, ist es meist schon untergegangen im Meer von Druckerschwärze und pausenlosem TV-Parteigeschwätz.

Aber als ein besorgter Volksnah-Minister aus einem Nachbarland ein viel umfassenderes Zivilschutzprogramm einforderte und seinen Wählern empfahl, neben den üblichen Vorräten eine größere Menge Trinkwasserflaschen einzulagern, und dann noch wohlversorgte Großmütter aufgeschreckt »Das ist ja wie im Krieg!« ausriefen, da schafften die Wasserflaschen, was nicht einmal den Gräuelbildern von Terror und Flüchtlingselend gelang: Eine Handelskette bietet Familiennotstandspakete zu günstigen Preisen, die Anzahl von Ansuchen um Waffenbesitzerlaubnis hat sich verdoppelt, die Jiu-Jitsu-Selbstverteidigungskurse sind heillos überfüllt und so weiter.

So wird frei nach Schiller »mit Entsetzen Scherz getrieben«. So wird durch Verunsicherung und Angstmacherei jenes Eigentor geschossen, das dem IS-Terror zu einem sicheren, mühelosen eins zu null verhilft.

Ja, am Anfang war das Wort und später das World Wide Web, in welchem wir uns wie Fliegen im Spinnennetz verfangen haben. Darunter lauert, wie einst im Garten Eden, unerschrocken die Schlange der Verführung, die uns heute keinen Apfel, sondern den Zwang mithilfe des Internets schmackhaft machen will. Zeitzwang, Informationszwang und Mitteilungszwang sind aber keine guten Voraussetzungen für eine freie demokratische Gesellschaft. Denn Wahrheit lässt sich trotz aller Digitalisierung nicht erzwingen und braucht, wie das am Anfang stehende Wort, ihre Zeit.

Als der Mensch noch nicht auf das Geplauder der Schlange gehört hatte, war das Wort klar, deutlich, wahrhaftig und unmissverständlich. Das Lügen mithilfe der Worte war unbekannt, da noch nicht vonnöten, die beschönigenden, verhüllenden, mildernden Worte nicht weniger fremd, da man Gedachtes aussprechen und nicht verhüllen wollte.

Die Worte des Anfangs dienten der Mitteilung und nicht dem redseligen Geschwätz. Sie wurden gebildet und nicht von Managern und deren Spindoktoren kreiert, um einen elitär-intellektuellen Eindruck zu erwecken. Das Wort verhalf dem kommunizierenden Menschen, seinen geheimsten Gefühlen und Gedanken eine materiell übertragbare Existenz zu verleihen und auf diese Weise ein rätselhaftes Eigenleben.

Aber je nachdem, wer sich ihrer bedient, blühen und welken Worte wie Blumen auf den Feldern. Oft verkommen sie zu Worthülsen und abgedroschenen Phrasen, die darüber hinwegtäuschen sollen, dass jeweils Sprechende nichts zu sagen haben.

Weniger reden, mehr sagen

In der letzten Zeit gab es wichtige Wahlen in der großen Welt und nun auch bei uns in der kleinen. Angesichts des gegenseitigen Kandidatenschlachtens fragt sich der nicht beruflich mit Politik befasste Bürger immer öfter: Was haben die persönlichen Lagerkämpfe, diese unzeitgemäße Parteienmentalität, dieses Siegen um jeden Preis mit uns Normalbürgern, unseren Problemen zu tun? Und was bedeutet heute noch, Sieger zu sein, seit Siegen und Gewinnen längst nicht mehr identisch sind in unserer verzahnten und vernetzten Welt, wo jeder und alles aufeinander angewiesen ist wie nie zuvor? Sind diese teuren Lagershowkämpfe überhaupt noch sinnvoll, wenn die Protagonisten in ihren Über- und Untergriffen letztlich nur jene Beleidigten und Vergifteten zurücklassen, mit denen sie, nolens volens, nach der Wahl wieder im gleichen Staatsboot rudern wollen und müssen?

Es ist höchste Zeit, sich wieder einmal einer nachahmenswerten Begebenheit zu erinnern: Da trafen sich vor eineinhalb Jahren nach tausendjährigen feindseligen Glaubenskämpfen der russisch-orthodoxe Patriarch und der römische Papst Franziskus zum Gespräch, zum Gedankenaustausch – in Kuba, beim militanten Atheisten Castro. Immer noch gilt: Im Anfang war das Wort.

Menschen haben zu allen Zeiten über das Denken nachgedacht. Für Buddhisten ist der Mensch das, was er denkt, da seine Gedanken die Farbpalette seines Weltbilds sind. Die Farben, welche ihm zur Verfügung stehen, werden maßgeblich von subjektiv-kulturellen Traditionen bestimmt. Wie bereits die den Buddhismus ergänzende Lehre des Konfuzianismus erkannte, ist Lernen, ohne zu denken, eitel, und Denken, ohne zu lernen, gefährlich.

Und da es in der Zivilisation darum geht, das im Menschen schlummernde Gefährliche zum Wohl der Gemeinschaft zu überwinden, förderte man im antiken Griechenland die »Liebe zur Weisheit« mit einer neuen Disziplin: der Philosophie. Mit ihr erhoffte der Mensch seine Existenz nicht nur zu deuten, sondern sie zu verstehen. Der Humus für den bis heute keimenden Samen des systematisch strukturierten Denkens.

Spätestens damit wurde dem denkenden Menschen klar, dass das methodisch betriebene Denken zwar eine Reflexion über vieles ermöglicht, aber dass diese Fülle an Erkenntnis oft der Gesundheit nicht zuträglich ist. Denken, wie George Steiner postuliert, macht traurig. Wie schon Aristoteles erkannte, hat das in den Akademien gelehrte Denken für sich allein keine Wirkung. Die für ihn daraus zu ziehende traurige Erkenntnis war, dass Denken und Sein von einem unüberwindlichen Widerspruch bestimmt werden. Womit die altjüdische Melancholie über die Vertreibung aus dem Paradies und den anhaltenden Versuch, in dieses wieder Einlass zu finden, ihre abendländische Prägung fand.

Denken sollte Pflichtfach werden

In einer funktionierenden Demokratie ist es erlaubt, alles zu tun, zu lassen, zu schreiben und öffentlich zu denken, was nicht per Gesetz verboten ist. Das lernt man schon in der Schule, und das ist gut so. Weniger gut ist, dass man – wie Figura zeigt – nicht gleichzeitig lernt, dass man nicht alles, was erlaubt ist, auch machen soll und darf. Denn für die Folgen ist im Sinne des Soziologen Max Weber nicht die Gesinnungsethik zuständig, sondern die Verantwortungsethik.

Die Schulverantwortlichen aller Länder sollten raschestens zur Kenntnis nehmen, dass die großen Probleme auf der Welt weder via iPhone mit zweimal Tastendrücken noch mit spektakulären Provokationen lösbarer werden, sondern nach wie vor über den mühevollen Weg des verantwortlichen Denkens. Und wir hier im Lande sollten schleunigst mit dem 40-jährigen parteigesteuerten Schulversuchsgerangel und der Massenproduktion von identischen Schulkinderversuchskaninchen aufhören. Als neues Pflichtfach sollte vielmehr selbstständiges Denken mit den Sparten Nachdenken, Bedenken, Überdenken in den Lehrplan aufgenommen werden. Anderenfalls werden die ständig beschworenen Begriffe Menschenwürde, Toleranz, Respekt und das ach so christliche Abendland endgültig zu sinnentleerten Mantras verkommen.

Auch am Anfang der Politik war das Wort, und dieses Wort war ein schwaches Verb mit starken Auswirkungen: »drehen«.

Politik dreht sich um die Durchsetzung von Zielen und die Gestaltung öffentlichen Lebens durch taktierendes Verhalten und zielgerichtetes Vorgehen. Wer in die Politik geht, muss die Kunst des Drehens und Wendens lernen, da es weniger auf Inhalte als auf einen zielführenden Dreh ankommt. Das verleiht der Politik ein Drehmoment, mit dem Bestreben, sich über das Alltägliche hinauszubewegen.

Bekommt man diesen Dreh jedoch nicht rechtzeitig heraus, laufen Politiker beiderlei Geschlechts Gefahr, einen Hund in ihr politisches Wirken einzudrahn. Und damit das möglichst nicht passiert, kamen Politiker im Laufe des 20. Jahrhunderts auf die Idee, Spindoktoren als Berater zu engagieren. Wenn die Spindoktoren die ihnen anvertrauten Aufgaben mit dem richtigen »spin«, wie es im Englischen heißt, versehen, handelt es sich um mediale Inszenierungen vorbereiteter Themenschwerpunkte, um der Wählerschaft Komplexes im gewünschten Sinne verständlich zu machen. Auch nicht verwerflich, wenn die Politik dabei nicht zu einer Inszenierungspolitik verkommt.

Heute gelten die Doktoren des Spins als Marionettenspieler der Macht, die wie Starregisseure aus Hollywood hohe Summen Geld für ihre »inszenierten Dreh-arbeiten« bekommen. Wenn sie aber weiterhin so unreflektiert die Politik bestimmen dürfen, dann werden sie die Demokratien am letzten Drehtag dieses Trauerspiels unerbittlich »hamdrahn«.

Lenin-Kappel im Schrebergarten

Eine PR-Agentur hat Produkte zu vermarkten, ob es sich dabei um Song-Contest-Starlets, Ameisennahrung, Parteiprogramme oder Biokamelfleisch handelt. Dagegen wäre weiter nichts zu sagen, wenn die Werbelobby nicht als Thinktank mit Spindoktoren agieren würde. Der Spindoktor ist dadurch Vermarkter und gleichzeitig Erzeuger einer Ware, die nicht die seine ist.

Dass diese Tatsache bei verunsicherten Politikern peinlichste Auswirkungen haben kann, war vorauszusehen. Darum kann man jetzt erleben, dass mit erprobter Zirkusvermarktung einerseits politische Erfolgsnummern aus dem Jahr 1869 und andererseits urgroßmütterliche Schrebergartensehnsüchte wiederentdeckt werden. Will man auf diese Weise die Wähler einschläfern, um weiterwurschteln zu können wie bisher? Was ist los? Haben die Herrschaften das Selbstdenken verlernt? Glauben sie tatsächlich, dass man mit Pizza-Look und Lenin-Kapperl oder mit opportunistischer Rechtsaußenlastigkeit Wähler vom ernsthaften Bemühen um eine zeitgemäße Neuausrichtung der verfilzten, unerträglich egozentrischen Parteistrukturen überzeugen kann? Es ist höchste Zeit zum Selbstdenken und zum Hinauswurf der Spindoktoren.

Am Anfang einer in Liebe geschlossenen Partnerschaft steht das Wörtchen Ja. Dabei kommt es nicht so sehr auf gesellschaftlich Tradiertes und Normiertes an, sondern auf die dem Partner versprochene Bereitschaft, Glück und Unglück im Rahmen einer Lebensgemeinschaft zu teilen. Wer diese Entscheidungsfrage mit einem Ja beantwortet, entscheidet sich gegen das Nein. Das heißt, dass dem Nein durch das Ja kein Einlass in diese Gemeinschaft gewährt wird beziehungsweise gewährt werden sollte.

Denn das Ja gilt nicht nur für den Partner, sondern im gleichen Maße für einer Partnerschaft entstammende Kinder. Und die sind bei einer Trennung der Eltern die wahren Verlierer des Zerbrochenen.

Daraus können prägende Verletzungen entstehen, die in Aggressivität, Angst, Depression und Trotz zum Ausdruck kommen. Nicht selten wird im Rahmen eines sozialen Sichzurückziehens auch das Lernen verweigert oder die Schule gar abgebrochen.

Kinder möchten nicht als dritte Streitpartei missbraucht werden, sie möchten, dass man mit ihnen offen und vor allem ehrlich spricht, dass Richtlinien miteinander vereinbart und eingehalten werden und dass ihr Bedürfnis nach Liebe und Geborgenheit erfüllt wird. Was sie keinesfalls benötigen, ist ein Genderstreit zwischen Vater und Mutter über die sozialpolitisch wichtigere Person für die Erziehung der noch Unmündigen.

Kinder möchten von Vater und Mutter ehrlich und im gleichen Maße geliebt werden, um ihre Liebe loyal erwidern zu können. Wer das unterbindet, hat von der Liebe eines Kindes nichts verstanden.

Ein Kind als Möbelstück

Als sie einander liebten, wollten sie beide ihn haben. Und das blieb auch so, als ihnen die Liebe verkummerte und sie sich trennten. Jeder erhob Anspruch auf ihn. Aus Mutterliebe zum Fünfjährigen, sagte sie, und er: aus Vaterliebe. Man begann zu streiten, immer erbitterter, wie um ein Familienerbstück. Und einmal nahm der Vater bei einem Besuch das »Streitobjekt« einfach mit in seine italienische Heimat. Das war vor mehr als vier Jahren, und seither wurde prozessiert, bis jetzt endlich Recht gesprochen wurde. Dazu lese ich: »Die Mutterliebe hat gesiegt.«

Es wird also ein kleiner Bub von knapp zehn Jahren zurückkommen in die alte, fremde Heimat. Allein und ohne seine Freunde, seine Lehrer, ohne die gewohnte Umgebung und Sprache. Im Vorschulalter dorthin gebracht und gleich in die Schulpflicht integriert, schaffte er es, zu vergessen, ein neues Zuhause zu finden. Aber jetzt? Ein Schulkind, das mit dem Lesen und Schreiben auch begonnen hat, Erlebtes zu reflektieren? Die ohne Rücksicht auf Verluste sich durchsetzende sogenannte Mutter- und Vaterliebe sind Wegbereiter für falsche Heilsverführer, die sich den Kindern als Fels in der Brandung anbieten. Bei Goethe gibt's den schönen Satz im *Tasso*: »So klammert sich der Schiffer endlich noch am Felsen fest, an dem er scheitern sollte.«

Am Anfang der Weihnachtsgeschichte war die Werbung. Mit den cherubinischen Worten »Fürchtet euch nicht, denn siehe, ich verkünde euch eine große Freude, die dem ganzen Volk zuteilwerden soll« war es um die Stille der Weihnacht geschehen. Der Teufel war los, als sich die Menschen infolgedessen auf den Weg machten, um das Verkündigte zu sehen.

Die himmlische Werbestrategie von einst wirkt bis heute nach. Durch die Weihnachtswerbung entsteht nicht zufällig ein der ursprünglichen Bedeutung des Wortes »Werbung« etymologisch entsprechendes »Wirbeln« der Gesellschaft, in der sich wochenlang alles um das bevorstehende Fest dreht. Frieden und Versöhnung sind nach wie vor verlockende Angebote, um sich auf das Heil versprechende Fest einzulassen.

Seltsamerweise wird jedoch die Weihnachtsgeschichte, die Geschichte von der Geburt Jesu, in den Evangelien nach Markus und Johannes nicht erzählt. Noch seltsamer, da das Wort, das am Anfang gottgleich bei Gott war, laut dem Evangelisten Johannes durch die Geburt des Kindes Fleisch geworden ist.

Warum die Evangelisten Markus und Johannes von diesem freudig staunenden Willkommensgruß der Welt, den wir Weihnachten nennen, keine Notiz nahmen, bleibt ein weihnachtliches Geheimnis, mit dem wir uns heute näher auseinandersetzen sollten. Warum wollten sie nicht über dieses im Judentum stattfindende Initialereignis für das Christentum berichten? Wir wissen es nicht und können darüber nur spekulieren. Ich jedenfalls könnte mir vorstellen, dass sie den »Wirbel« um Weihnachten prophetisch ahnten und dem Christkind die Gefahr, in diesem Wirbelsturm verloren zu gehen, ersparen wollten.

Weihnachtsmann und Christkindl

Nach zwei Monaten Besatzungszeit sind wir diesen wattbärtigen Riesenmann mit seinem Rentierschlitten samt den selig-fröhlichen *Ihr Kinderlein, kommet*-Geräuschen wieder für ein Jahr los. Und man wünscht sich, dass er diesmal auch seinen Halloween-Kürbiskopf mitnehmen möge und dass dann die Gemeinde Wien schleunigst die Stadt von den Resten der zurückgelassenen Fressbuden und Ramschstandln reinigt, die sie für teures Geld den Händlern vermietet, als wäre die Stadt ihr Eigentum.

Habe ich nicht irgendwo ungläubig gelesen, dass wir angesichts einer Islam-Bedrohung das christliche Abendland verteidigen müssen? Und verkündigt nicht die Weihnachtsgeschichte, ganz unabhängig davon, ob man sie als eine göttliche Offenbarung oder eine Menschheitsdichtung erkennt, eine der zentralen Botschaften des Abendlandes? So oder so: Ob Gott die Menschen oder die Menschen Gott erfunden haben – mit der Geschichte des Kindes von Bethlehem beginnt das Wunder der jüdisch-christlichen Kultur des Abendlandes. Und darum sollte man den importierten Weihnachtsmann hinauswerfen und den Kleinen ihren Altersgenossen, das Wiener Christkindl, wiederschenken.

Dialoge und Monologe haben eines gemeinsam: das Wort. Im ersten Fall sucht es das Gegenüber, im zweiten genügt es sich prinzipiell selbst. Monologe sind Selbstgespräche, in denen Rede und Gegenrede zugunsten einer einseitigen Anrede aufgegeben werden.

Damit Worte auch Gedanken in Bewegung setzen können, bedarf es einer Gesprächskultur. Ohne eine solche können Wörter kaskadenhaft aus einem purzeln, ohne dass dabei etwas herauskommt. Allerdings hege ich den Verdacht, dass genau das, nicht nur bei Politikern, der Zweck der rhetorischen Pflichtübung ist. Reden als Ablenkungsmanöver gewährt, dass das zu Besprechende nicht angesprochen wird. Wer eine Sache zerredet, erspart sich, über sie sprechen zu müssen. Das zu Verschweigende wird mithilfe der Worte verschwiegen.

Und deshalb plädiere ich für einen regen, gepflegten Gedankenaustausch auf Basis gegenseitiger Wertschätzung. Kein Zuhörender möchte plakativ angelogen oder gar hintergangen werden.

Das Sich-Entledigen von ichbezogener Information ergibt eine Müllhalde an egozentrischen Mitteilungen, aber noch kein Gespräch. Gespräch ist und bleibt ein Austausch gleichberechtigter Kommunizierender, die nicht nur etwas zu sagen haben, sondern vom Gesprächspartner auch etwas hören wollen. Wer immer nur selbst zu Wort kommen möchte, muss den anderen entweder mundtot machen oder Selbstgespräche führen. Doch gerade Selbstgespräche setzen einen klugen Partner voraus. Ob aber wirklich kluge Menschen Selbstgespräche führen?

Eins, zwei, drei im Sauseschritt ...

Ob wir wollen oder nicht, wir sind unlösbar an die Zeit gefesselt, und so kommt es, dass das, was gestern nicht einmal gedacht werden durfte, heute als Hoffnungsschimmer im Dunkel der aus den Fugen geratenen Welt erscheint. Man redet miteinander! Da sitzen plötzlich zwei alte Herren bei freundlichem Gespräch beisammen: der Papst mit dem alten Castro. Da schütteln die Herren Obama und Putin einander, wenn auch mit steinerner Miene, wieder die Hände. Und aus Wien verkündet namens der EU die Außenbeauftragte Mogherini, dass es nach 13 Jahren gelungen sei, im Atomstreit zwischen dem Iran und dem Westen einen Konsens zu erreichen. Drei Beispiele, von denen zwar niemand sagen kann, ob sie halten, was sie versprechen, die aber ein sicheres Zeichen dafür sind, dass sich in der großen Welt nicht nur das Klima ändert.

An unserem schönen Winzigerdteil aber scheint der Zug der Zeit vorbeigefahren zu sein. Unsere Repräsentanten in Parlament und Regierung beharren unbeirrbar auf Uraltprinzipien. Sie halten an einst erfolgreichen Traditionen fest und verwechseln Charakterstärke mit Altersstarrsinn. Die Bevölkerung aber hat angesichts des Flüchtlingsdesasters ganz unerwartet bewiesen, wie effizient sie imstande ist, beim Lösen von Problemen mitzuhelfen. Die Wahrheit ist dem Menschen zumutbar. Das hat schon die Ingeborg Bachmann immer gewusst.

Am Anfang war der Gedanke und nicht das Wort. Das sagen uns die Psychologen, und wir sollten es ihnen mit aufklärerischer Skepsis glauben. Schon deshalb, weil das Nichtdenken unmöglich ist, da man es nur durch bewusstes Denken ausschalten kann. Und das ist die Krux an der Sache, dienen doch 99 Prozent der Gehirnleistung dazu, den Laden in Gang zu halten, und nur ein mickriges Prozent, um die auf uns einwirkenden 11 Millionen Reize pro Sekunde zu verarbeiten. Dass das funktionieren kann, liegt daran, dass unser Hirn ein Sieb ist, welches das Unnötige herausfiltert, um uns mit dem Rest eine vermeintliche Realität vorzutäuschen.

Wir können von Glück sprechen, dass uns die Evolution diese vorgetäuschte Wirklichkeit auch als Täuschung erkennen lässt. Wenn dem nicht so wäre, wäre uns ein gesellschaftlich relevantes Denken nicht möglich, und wir würden alles für bare Münze nehmen.

Dass Denken die Welt zu einer besseren macht, ist eine Mär. Das Denkvermögen vieler Menschen führt oft in eine gedankliche Pleite. Wer dem Schwarz-Weiß-Denken den Vorzug gibt, erspart sich die belastenden Zwischentöne des Differenzierens. Und wer das Um-die-Ecke-Denken forciert, vergewaltigt das Nervenkorsett der anderen, ohne das Problem zu bewältigen. Mit dem Sich-nichts-dabei-Denken erhält man unwidersprochen seine Unbekümmertheit und mit einem Nicht-daran-zu-Denken das insgeheim angepeilte Argument, alles so zu belassen, wie es ist. Doch die Ritter der allertraurigsten Gestalt sind jene, die das Altabgelagerte in ihrem Gehirn immer wieder bestätigen, damit die daraus gefassten Meinungen nicht überdacht werden müssen.

Selbst denken empfohlen

Während im grundbürgerlichen Graz bei den Gemeinderatswahlen die Kommunisten zur zweitstärksten Partei aufgestiegen sind, überlegen engagierte Spindoktoren, wie man nachlesen konnte, für jede einzelne unserer Ex-Großparteien, wie weit man sich gegebenenfalls nach rechts verbiegen könnte, um in neufärbiger Koalition nach den nächsten Nationalratswahlen weiter mitrudern zu können. Angesichts des Wählerverhaltens in Graz, einer Stadt, die für KP-Ideologie nie anfällig war (ganz im Gegenteil bekanntlich), wären unsere Ex-Großparteien gut beraten, ihre Spindoktoren heimzugeigen und wieder selbstständig denken zu lernen. Dann würden sie bald draufkommen, womit es der rührigen KP-Chefin gelungen ist, mehr als 20 Prozent der rosa und schwarzen Mittelständler dafür zu gewinnen, »ein Stück des Weges mit ihr gemeinsam zu gehen«.

Der alte, kluge Fuchs Kreisky mag wohl ihr Lehrmeister gewesen sein: Jeder Bürger des Landes konnte seine Privatadresse samt Telefonnummer im amtlichen Telefonbuch finden. Ihn zu erwischen, war allerdings schwer, aber immerhin: Es lag im Bereich der Möglichkeit, und, wie man hörte, mit viel Glück und Geduld ist es auch tatsächlich gelungen.

Am Anfang der Zivilisation war das in Worte gefasste und mit Worten gesprochene Recht. Für den nach Gemeinschaft strebenden Menschen die Lösung, um mit seinen aus unterschiedlichen Interessen entsprießenden Konflikten zivilisiert umgehen zu können. Ein Dualismus der besonderen Art, durch den einerseits des Menschen soziale Neigung zum friedvollen Zusammenleben als auch dessen Veranlagung, seinesgleichen vernichten zu wollen, anschaulich wird.

Der Mensch hat bis heute keinen effizienteren Schlüssel für die Entschärfung der stets tickenden Zeitbombe individueller Bedürfnisse und Begierden gefunden. Ohne staatlich erlassene und durch Sanktionen gesicherte Rechtsnormen würde durch das menschliche Streben nach Selbstverwirklichung die Gemeinschaft einer in uns allen schlummernden Barbarei weichen. Und dort, wo das geschieht, entpuppt sich das Recht auf alles auf tragisch-inhumane Weise als ein Recht auf nichts.

Rechtsstaaten haben den Hang, die Freiheit des Einzelnen durch rechtliche Begrenzung dessen Handelns zu sichern. Das bedeutet im Idealfall, dass die Freiheit des einen dort aufhört, wo die Freiheit des anderen beginnt. Doch um dies zu erreichen, müssten sich alle Parteien so verhalten, dass die Rechtslage keine Schlagseite bekommt.

Unmaß und Banalität liegen zumeist eng beisammen und können, wenn nicht im Zaum gehalten, durchgehen. Und wie jeder Reiter weiß und jeder Politiker wissen sollte, bedarf es großen Könnens und Feingefühls, um ein durchgehendes Pferd, das aus seinem vertrauenden Frieden geschreckt wurde, zu stoppen.

Die Milch der frommen Denkart

Endlich ist es der EU mithilfe ihrer Fachexperten nach ernsthafter, gründlicher Prüfung gelungen, für eines der brisantesten Themen unserer derzeitigen Situation eine einstimmige Lösung beziehungsweise Verordnung zu erreichen. Das Resultat ihrer Bemühungen ist ebenso sensationell wie die daraus abzuleitende Meinung der EU vom Intelligenzgrad ihrer Bürger, sprich: Wähler. Es handelt sich um die verbindlich geltende Anordnung, dass ab sofort mit dem Begriff »Milch« nur die aus einem Euter, einer Zitze oder Brust abgezapfte Flüssigkeit bezeichnet werden darf, zum Schutze der Fauna-Milch und der EU-Bürger, da diese sonst annehmen könnten, dass auch Soja-, Bräunungs-, Rosen- und sonstige Milche ein eutergemolkenes Produkt sind.

Es ist schon mehr als beängstigend, dass die EU auch in Chaoszeiten wie diesen – ähnlich unserer glorreichen Koalitionsregierung – fröhlich weitermacht wie bisher: mit Bevormundungen, Überregulierungen, unbelehrbar und uneinsichtig. Da kann der allmählich hoffnungslose Bürger wirklich nur noch die Schiller'sche »Milch der frommen Denkart« trinken, sich der Sommersonne erfreuen und sich dafür ordentlich mit Sonnenmilch einschmieren.

Am Anfang war das Wort und am Ende die Dokumentation. Dokumentation beziehungsweise die vom Belgier Paul Otlet am Ende des 19. Jahrhunderts ins Leben gerufene Dokumentationswissenschaft war zuallererst eine pragmatische Reaktion auf den in Naturwissenschaft und Technik hastig ansteigenden Bedarf an Informationen. Und da dieser Bedarf von herkömmlich strukturierten Bibliotheken nicht mehr bewältigt werden konnte, gründete Otlet mit Henri La Fontaine im Jahr 1898 das als Mundaneum bekannt gewordene Museum in Brüssel mit dem Ziel, das gesamte Schrifttum der Welt als Bibliografie in Zettelkästen zu erfassen. Als Otlet 1934 seine Tätigkeit am Mundaneum beendete, ergänzte er diesen Traum mit der Hoffnung, dass die technische Verknüpfung von Büchern, Fernsehapparaten, Radios und Telefonen ein gesellschaftlich-globales Wissensnetz ermöglichen würde – eine Vorwegnahme des World Wide Web in einem von nationalistischen Diktatoren beherrschten Europa.

Nach 1945 griff die die gestürzten Diktaturen beerbende Rechtsstaatlichkeit diese Dokumentationsträume erneut auf, indem sie die Sammlung, Ordnung und Auswertung von Dokumenten aller Art zur Bewältigung von Gegenwart und Vergangenheit hinzuzog. In diesem Geiste war Dokumentation viel mehr ein demokratie-politisches Mittel zur Realisierung eines hohen gesellschaftlichen Anspruchs als eine oftmals missbrauchte lästige Pflicht.

Ich denke, es wäre an der Zeit, sich der Ursprünge rechtsstaatlicher Dokumentationskultur zu besinnen und als letzte Brüsseler Groteske eine allumfassende Verordnung gegen staatlichen Regulierungswahn zu erlassen.

Schluss mit dem Doku-Irrsinn

Nun also soll auch die seit eh und je bestehende und geduldete Zwischendurchentspannungspause, früher Zigarettenpause genannt, genau dokumentiert und damit kontrolliert werden. Der Zeitaufwand für die Dokumentation ist jedoch derzeit noch nicht dokumentationspflichtig. Jeder kleine und mittlere Gewerbetreibende, ob Apotheker, Küchenchef, Wirt, Zahnarzt oder Gemischtwarenhändler, stöhnt und ächzt unter den hierzulande europahöchsten Lohnnebenkosten und muss jetzt immer mehr das dringendst benötigte Hilfspersonal völlig zweckentfremdet für die Erledigung der wild wuchernden amtlichen Dokumentationsvorschriften einsetzen. Dass amtlicherseits ein Fehler in der Dokumentation entdeckt wird, ist selbstverständlich, und wie viel Zeit bis zur letzten erfolgreichen Kontrolle verbraucht wird, ist überwältigend.

Gerüchteweise hört man nun, dass zusätzlich zur Entspannungszeit-Dokupflicht auch eine WC-Dokupflicht, zweigeteilt in Groß- und Kleinzeit, angedacht ist, für deren Realisation aber derzeit noch ein Gender-Problem zu lösen ist, zu dem auch je ein Vertreter des Gesundheits-, des Frauen- und des Justizministeriums sowie ein Verfassungsrechtsspezialist geladen werden sollen.

Zwei verlässliche
Künstlerheim-Helfer
aus Niederösterreich:
Frau Landeshauptmann
Johanna Mikl-Leitner
und ihr unvergesslicher
Vorgänger Erwin Pröll

III Österreich ist eine kleine Welt, in der die große ihre Probe hält

Privatbesuch bei Bruno Kreisky auf Mallorca – mit fehlendem Knopf auf der Kreisky-Weste!

Österreich ist ein schönes, kleines Land mit weniger schönen, großen Problemen. Diese Dualität spiegelt sich seit Generationen im täglich wahrnehmbaren Zwiespalt zwischen Minderwertigkeitsgefühlen und Größenwahn. Mit Adolf Hitlers historischem Auftritt im 20. Jahrhundert bekam die Welt auf tragischste Weise die Auswirkungen dieser neurotischen Doppelgleisigkeit zu spüren. Doch ohne sie wäre derselben Welt der Heil bringende Ansatz von Sigmund Freuds Lehre entgangen. Österreich – ein kleines Land, das große Schatten wirft.

Um die in diesem psychisch instabilen Humus keimende Unerträglichkeit des Seins zu überwinden, entdeckte der Österreicher die Kunst als Mittel zum Verdrängen und Vergessen und förderte sie von Habsburg bis Heller mit derselben neurotischen Konsequenz, die ihn einst in ihre Arme trieb. Durch sie, die Holde, wurde das im wilden Kreis des Lebens umstrickte Österreich in eine »bessre Welt entrückt«.

Eine »Welt«, in der die weltoffene Gastfreundschaft mit spürbarer Reserviertheit gegenüber Gästen ihre kunstvoll zelebrierte Widersprüchlichkeit fand, galt und gilt es doch, diese »Insel der Seligen« argwöhnisch zu verteidigen.

Die österreichische Mischung von Genialem mit Banalem ist im Positiven wie im Negativen hochdramatisch, demzufolge der stets auf sich bedachte Österreicher eine Hochkultur des Genießens schuf, in der belastende Probleme mit Vorliebe nicht beizeiten gelöst, sondern aus der Not im letzten Augenblick »bewältigt« wurden und werden.

Dies in letzter Minute oft gewaltsame Bewältigenmüssen hat allerdings auch einen gesellschaftlich hohen Preis.

Neues aus der Versuchsstation

Österreich ist eine kleine Welt, in der die große ihre Probe hält.« Nicht nur wir, sondern auch Brussel-Europa sollte sich dieses Wort Hebbels zu Herzen nehmen und am Desaster unserer letzten Wahlen erkennen, was bevorsteht, wenn sinnvolle Verbindungen zu Ringkämpfen um Machtpositionen missbraucht werden. Hier wurde schonungslos aufgezeigt, mit welcher Geschwindigkeit eine ehedem erfolgreiche Verbindung durch eine realitätsverweigernde Entwicklung über Nacht zertrümmert werden kann.

Es wäre nicht Österreich, wenn nicht, trotz des Debakels mit Zwangsrücktritt des Kanzlers, Reparaturversuche zum Weiterwursteln unternommen würden. Darum können wir wohl getrost weiterhin, wenn schon nicht auf Neues, so doch auf die jährlich wiederkehrende Lawine von frisch erfundenen Reglementierungen etc. zum Zuschütten von Privatinitiativen hoffen. In Anbetracht der bedenklichen Wirtschaftslage, der zornigen jungen und der resignierenden alten Wähler, die sogar ihren geliebten Ex-Sozialminister mit seinen vergissmeinnichtblauen Augen nur noch auslachen, kann man nur beten, dass bald etwas geschieht, damit nichts Undenkbares passiert. Oder sollten wir wieder einmal die Versuchsstation für den Weltuntergang werden?

Wie wäre die Menschheitsgeschichte verlaufen, wenn die Scham und nicht die Schamlosigkeit des Menschen Schicksal bestimmt hätte? Jedenfalls auf eine kaum vorstellbare Weise, ist doch die Schamlosigkeit der historische Wegweiser menschlichen Strebens.

Scham ist weder gut noch böse. Das sind nur die gesellschaftlichen Wertbestimmungen, an denen sich dieses immanent soziale Gefühl orientiert. Was würde uns überkommen, was würden wir besitzen oder zeigen, was überwinden und ablegen, wenn vor und nach unseren Handlungen kein Schambewusstsein bestünde? Mit Scham lässt sich das von der Gesellschaft gewünschte »Normale« schamlos erzwingen.

Persönlich erinnere ich mich mit Unbehagen, wie meine Generation sowie die folgende angehalten wurden, sich für dies und das zu schämen, und zwar von Menschen, die im Laufe ihres Lebens ohne jegliches Schamgefühl Kriegstreibern und Diktatoren widerstandslos zur Verfügung gestanden waren. Ihrer beschämenden Schamlosigkeit verdanken wir es, dass das soziale Korrektiv eines »gesunden« Schamgefühls nach dem Zweiten Weltkrieg seine Glaubwürdigkeit verlor, bis es die Protestierenden von 1968 als kulturell irrelevant aufgehoben und analog dazu eingemottet haben. Seitdem beklagen viele, auch viele alt gewordene 68er, wir würden in schamlosen Zeiten leben.

Doch diesem Bedauern zum Trotz lebt die Scham wieder auf. Mit Scham lässt sich heute nicht nur gut genieren, sondern zuvorderst gute Geschäfte machen. Bestseller über Scham werden wie warme Semmeln verkauft, wobei man nach erfolgter Konsumierung viel eher über die Semmeln als über diese Bestseller spricht.

Gibt's keinen Genierer mehr?

Selten war der Satz »Österreich ist eine kleine Welt, in der die große ihre Probe hält« so stimmig wie heute. Die derzeitige Selbstzerstörung der halbwegs funktionierenden Ordnungsstrukturen seit dem Zweiten Weltkrieg hat beängstigende Mutationen entstehen lassen. Bei uns zum Beispiel sind aus den imponierenden, selbstbewussten, solidarischen roten Klassenkämpfern egomane, zahnlose Beißer und staatsversorgte, millionenschwere Dubioslobbyisten erwachsen. Aus den einst saftigen Grünen ist ungenießbar Tiefgefrorenes entstanden, samt einer wehleidigen Grün-Mama, die nicht nur die eigenen Kinder killt, sondern sich auch noch schamlos vermarktet. Während gleichzeitig die türkise Hoffnungsfarbe von stinkenden, blau-braunen Rauchschwaden zugedeckt wird und die Neos den liberalen Seiltanz weiter üben, zertwittert und zertrumpt in globalem Ausmaß, was unsere Lokalgrößen schon geschafft haben.

Oder ist dies alles vielleicht nur so authentisch wie die interessante Kulturnachricht vom 25. 2. im ORF, dass das berühmte Lied *Am Brunnen vor dem Tore* ein Volkslied sei, vom Beginn des 19. Jahrhunderts. Heiliger Schubert, schau oba. Gibt's überhaupt kan Genierer mehr?

Donald Trump ist ein Paradebeispiel für einen schamlosen Menschen. Nicht reflektierende Scham, sondern prahlerischer Stolz ist sein Metier. Sein Sager »Ich könnte auf der 5th Avenue stehen und jemanden erschießen und würde keine Wähler verlieren« ist bloß einer von vielen, der für weltweite Bestürzung und Empörung sorgte. Manchmal denke ich mir, dass das aber genau der von Trump erhoffte Zweck der Übung ist. Aufsehen erregen um des Aufsehens willen bestätigt ihm, dass er und nicht andere das Ruder in der Hand hält. Und da ihm sorgsam zurechtgelegte Haare wichtiger sind als sorgsam durchdachte und formulierte Gedanken, bleibt ihm seine Wählerschaft bisher treu. Sie weiß seine inszenierten Rundumschläge auf Twitter, seine bizarren Anschuldigungen und Rückzieher, seine moralisch fragwürdigen Bewertungen von Gut und Böse zu schätzen und deutet all das und noch mehr als Zeichen seiner Ehrlichkeit und Stärke.

Menschen wie Trump haben eines gemein: Sie brechen mit Vorliebe gesellschaftliche Tabus, die als anstößig gelten, um dann demonstrativ jene öffentlich zu verachten, die sich dafür schämen würden. Denn für sie ist Scham ein Schuldbekenntnis und als solches ein Zeichen der Schwäche, mit dem sich das Volk keinesfalls identifizieren möchte. Die Mehrheit liebt den starken Mann, die starke Frau und hat für Selbstreflektierende kaum mehr als verachtendes Mitleid übrig. Wer aber seine Verachtung für Schamgefühle laut und derb kundtut, dem sagt man voller Bewunderung nach: »Seht her, der traut sich was!« Ein Sager, mit dem alle bösen politischen Verführungen beginnen.

Dank dem Onkel aus Amerika

Das berühmte Diktum »Österreich ist eine kleine Welt, in der die große ihre Probe hält« des deutschen Dramatikers Friedrich Hebbel ist heute wieder einmal besonders aktuell.

Als perfektes Beispiel für unsere westliche Welt rezitieren unsere Regierungsdarsteller, unbelehrbar vom kontinuierlichen Publikumsschwund oder Mitterlehner-Erdbeben, immer weiter die gleichen schlechten Texte in einer miserablen, kaum verständlichen, verunsichernden Performance. Jetzt kann man für unsere kleine ebenso wie für die große Welt nur noch hoffen, dass dem amerikanischen Präsidentenclown mit seinem globusweiten Trump-Beben gelingt, woran selbst Angela Merkel, die bewundernswerte, unbeugsame Jeanne d'Arc aus der Uckermark, endgültig zu scheitern droht: nämlich zu erreichen, dass sich Europa seiner gemeinsamen Stärke und Bedeutung schleunigst wieder bewusst wird und sich endlich in Marsch setzt. Ein kluger Mann hat mir einmal einen Satz gesagt, der sich heute wie das Motto der Stunde ausnimmt: Es kann ein Mensch gar nicht genug schlechte Eigenschaften haben, dass diese, zum richtigen Zeitpunkt für eine gute Sache eingesetzt, nicht Wunder wirken könnten.

Scham und die damit verbundene Schamesröte ist allein dem Menschen vorbehalten. Und das zu Recht, ätzte der große Schriftsteller und Satiriker Mark Twain, da der Mensch im Gegensatz zum Tier allen Grund dazu hat. Da dürfte etwas dran sein, wenn man des Menschen exaltiertes Verlangen nach Anerkennung und Bewunderung ins Auge fasst und sieht, wie die ungesunde Steigerung des Ichs ins Narzisstische einen Niedergang der lebensfördernden Selbstwertschätzung und emotionalen Intelligenz zur Folge hat. Ein Abstieg, der ins schwarze Tal der Schamesröte führen kann, wo das, was man verbergen möchte, rot leuchtend alle Blicke auf sich zieht.

Im Theater kann eine gut gespielte Scham die Herzen des mitfühlenden Publikums für einen gewinnen. Hinter der Bühne hingegen herrschen ganz andere Gesetze. Schauspieler, egal welchen Geschlechts, die sich für zur Schau gestellte Nacktheit oder Sexualität schämen, haben im heutigen Theater nichts mehr verloren. Daran wird und will in Wahrheit auch die MeToo-Bewegung nichts ändern, handelt es sich bei der Anweisung eines Regisseurs oder einer Regisseurin doch um die verfassungsrechtlich verbriefte »Freiheit« der Kunst, der zuliebe der darstellende Mensch seine moralische Freiheit zu opfern hat. Eine Dramaturgie, infolge derer Schamgefühl ein Mangel wird.

Wundert es da, wenn das Ausbleiben von Scham bei einer von oben angeordneten Bloßstellung allgemein zu einer karrierefördernden Tugend wird? Für die Freiheit der Kunst traurig, für die Freiheit der Demokratie eine Katastrophe!

Rot-schwarze Erbmonarchie

Da stehen sie also an den Ufern desselben Flusses, einer am rechten und einer am linken. Sie sollen gemeinsam achtgeben, dass er ruhig fließt, ihn regulieren, wenn er aus seinem Bett überschwappt, vertrocknet oder zur braunen Brühe verschmutzt. Aber sie mögen einander in der Seele nicht, und sie können sich auch tatsächlich nicht mehr sehen. Weil jeder mit dem Rücken zum Fluss, also mit dem Hinterteil zu seinem Gegenüber, steht und jeder außerdem damit beschäftigt ist, sein Standterrain wie eine Art Erbmonarchie für sich und die Seinen zu beackern und zu beernten. Und so merkt keiner, dass der Fluss trüber und trüber wird und dass alte, abgesoffene Geister neue Leidenszeichen von sich geben. Immer wieder und immer öfter, bis dann der große Schrecken und die entsetzte Frage kommen können: »Wie konnte denn das passieren?«

Es muss auch nicht passieren. Ich erinnere mich an einen Sommer in Villach, wo der ÖGB-Präsident Benya und sein Kollege Sallinger von der Wirtschaftskammer bei einer Tagung so lange laut miteinander stritten, bis ein Kompromiss gefunden war, der es beiden erlaubte, ihr Gesicht zu wahren, und es außerdem möglich machte, dass die Streiter von Vormittag und Nachmittag abends stundenlang miteinander Schnapsen spielten.

Kaum jemand polarisiert derart anhaltend und heftig wie Adolf Hitler. Und das wird aller Voraussicht nach noch lange so bleiben. Schon deshalb, da wir ihn in seiner unbegreifbaren Ungeheuerlichkeit, als Teil von jener Kraft, die wie Goethes Mephisto »stets das Böse will und stets das Gute schafft«, brauchen, und zwar als zu bekämpfendes Feindbild, als immerwährende Bedrohung für unsere demokratischen Wertvorstellungen.

Damit das auch so bleibt, bedarf es der Bereitschaft unserer Gesellschaft, sich mit der Historizität des nicht zu Vergessenden ernsthaft auseinanderzusetzen, damit die historische Verantwortung für die nationalsozialistischen Verbrechen auch glaubhaft wahrgenommen werden kann. Feindbilder allein werden dazu nicht reichen, da das gegenübergestellte positive Bild der eigenen moralischen Überlegenheit oft allzu wackelig auf populistischen Beinen steht. In geübter Bestürzung gedenken wir Spätgeborenen auf Kosten der Schicksale von Menschen, die am falschen Ort zur falschen Zeit leben mussten.

Wir suchen, wie es Wilfried Haslauer bei der Eröffnung der Salzburger Festspiele 2018 so treffend gesagt hat, »Parallelen zu damals, warnen vor den Anfängen, schwören ›Nie wieder!‹, halten Wiederholung in Wahrheit aber für ausgeschlossen und gehen hernach zu einem leichten Mittagessen, da uns der zu hohe Cholesterinspiegel und die Kurzatmigkeit im Fitnessstudio mehr beschäftigen als die Katastrophen von damals.« Karl Kraus hätte an diesen Worten Haslauers seine Freude gehabt.

Ein Haus der Verantwortung

Vor ein paar Tagen wurde ich um Stellungnahme zu der Frage gebeten, wofür das derzeit leer stehende, im Privatbesitz befindliche Geburtshaus Hitlers in Braunau unter dem Titel »Haus der Verantwortung« sinnvoll genützt werden könnte. Ich bin schon eine Weile der Meinung, dass die mit diesen Überlegungen beabsichtigte Botschaft auch diejenigen erreichen soll, denen sie gilt. Also ist die Tatsache zu berücksichtigen, dass für die heutige dritte Generation seit dem Nazi-Terror – im Unterschied zu uns Zeitgenossen – die Gedenkstätten nolens volens allmählich nur noch Museales vermitteln können: tote Erinnerung.

Deshalb bin ich der Meinung, dass man das Hitler-Haus zum Beispiel als wohlbetreute Heimstätte für behinderte Kinder und ihre Mütter oder vor dem Ertrinken gerettete Somalier nutzen sollte. Als lebendiges Erinnerungsbeispiel an den Rückfall in die Barbarei, an die Schandzeit, in der das Leben und Sterben eines Menschen von einer unmenschlichen Rassen- und Herrenmenschenideologie abhängig war.

PS: Interessant war auch zu erfahren, dass das Hitler-Haus nach wie vor im Privatbesitz, also gewinnbringend ist und jetzt unter dem Titel »Haus der Verantwortung« gemietet wird. Wo leben wir eigentlich?

In der Politik geht es um Glaubwürdigkeit. Das behaupten zumeist Politiker, und zwar vor allem jene, die ein Glaubwürdigkeitsproblem haben – nicht mit sich, sondern mit ihren Wählern.

Bis es so weit kommt, müssen Politiker, die zu Beginn ihrer Laufbahn auch »nur« Wähler waren, durch schmerzhafte Erfahrungen lernen, dass der Wähler als Mensch und der Wähler als Teil einer Masse zwei gänzlich verschiedene Wesen sind. Das liegt nicht nur daran, dass Politik und Theater im Grunde ähnlichen Gesetzen unterliegen. Man stelle sich vor, es würde ein umjubelter Darsteller des Jedermann bei den Salzburger Festspielen nach der Vorstellung vom Publikum verlangen, dass es in Folge seiner Erschütterung über das Sterben des reichen Mannes einschneidenden persönlichen wie gesellschaftspolitischen Veränderungen zustimmen müsse. Da hätte der Teufel und nicht Gottvater den letzten Lacher der Festspiele, hängt doch ein Teil des Bühnenerfolgs damit zusammen, dass es zwischen Bühne und Zuschauerraum eine Rampe gibt, die fein säuberlich die Fiktion von der Realität trennt.

Und genau diese Erfahrung macht jeder Politiker, wenn er der irrigen Meinung ist, das auf der Bühne Deklamierte über die Rampe hinaus umsetzen zu müssen. Wer das tut, ist erledigt. Demzufolge müssen Politiker, wie Roger Willemsen es formulierte, »per definitionem alles andere als glaubwürdig« sein. Ein guter Politiker wird bestenfalls, wenn er sein Geschäft professionell betreibt, das wählbare Ergebnis seiner eigenen Fiktion. Und machen wir Wähler uns nichts vor – wir wollen es so!

Eine Lanze für Mikl-Leitner

Sie ist schon eine erstaunliche Person. Ungeschätzt von einem Großteil der Bevölkerung, total im Stich gelassen worden von ihren Kollegen in der ewig streitenden Koalitionsregierung, ausgestattet mit dem jahrzehntelangen Versäumniserbe der Vorgänger, bleibt die Innenministerin Johanna Mikl-Leitner, wie man so sagt, am Ball. Unverzagt, mit eisernen Nerven, hält sie durch bei der Suche nach einem Ausweg aus dem Flüchtlingstsunami. Sie tut, was sie kann, sie ist überall anzutreffen, oft, so scheint es, sogar gleichzeitig an zwei Orten. Sie informiert sich, sie ist bereit, über ihren Schatten zu springen, bessere, andere Wege zu gehen als geplant, immer gewillt, nicht beratungsresistent zu werden. Als vorige Woche die unvorstellbare Tragödie der 71 erstickten Flüchtlinge entdeckt wurde, da wagten es Politiker, die sich diesbezüglich eher durch Ignorieren und unmenschliche Ratschläge ausgezeichnet hatten, den Rücktritt der Ministerin zu fordern. Ich würde gerne wissen, was man sich bei dieser Rücktrittsforderung eigentlich gedacht hat oder ob es sich einfach um ein Profilierungsmanifest für die kommenden Landtagswahlen gehandelt hat. Ich für meinen Teil bin jedenfalls Frau Minister Mikl-Leitner dankbar, dass sie trotz Rück- und Querschlägen nicht aufgibt, das Licht am Ende des Tunnels zu suchen.

Einsicht bietet in unserer postmonarchistischnationalso-zialistischen Gesellschaft keine positiven Aussichten und wird daher erst gar nicht angestrebt. Im Gegenteil! Gschickt muss man sein, um sich in der »bösen« Welt der anderen bestmöglich durchschlagen zu können. Und wenn man sich dabei wider Erwarten verrechnen und alles schiefgehen sollte, muss man, um seine Unschuld zu beweisen, im Brustton der Überzeugung gestehen, dass man ja nichts getan hat und es doch die anderen gewesen sind.

»Aber gerade aus Liebe zu diesem Land«, sagte der fast vergessene Erwin Ringel, »müssen wir uns der Wirklichkeit stellen« und sagen, dass das gängige Geständnis, nichts getan zu haben, in »Wirklichkeit« eine Selbstanklage ist, von der man durch Jammern und Raunzen doch nur abzulenken versucht. Bei Fußballspielen bleibt oft gerade der auf dem Rasen mit schmerzverzerrtem Gesicht liegen, der unmittelbar zuvor einen anderen gefoult hat.

Verdrängen wurde in unserem Land die begrenzte Möglichkeit, um die Mitschuld an der selbst verschuldeten Unmündigkeit nicht eingestehen zu müssen. Wohin kämen wir, fragte Ringel, wenn wir die Wahrheit über uns zuließen?

Und da wir es erst gar nicht wissen möchten, halten wir Notlügen für verzeihlich und Wahrheiten für eine Zumutung. Verwundert es da, wenn Thomas Bernhard zu der drastischen Erkenntnis gelangte, dass es in Österreich zu guter Letzt nur auf den Wahrheitsgehalt der Lüge ankommt?

Schämt sich hier keiner mehr?

Verantwortung, das unbekannte Fremdwort. Sind die Wähler wirklich nur noch die Trampeltreppe zur Absprungbasis für die schnelle Selbstverwirklichungskarriere der Mandatare? Da gibt es die grüne Bio-Moralapostelin, die ihre naturbesorgten Wähler mit Correctness-Zwängen und Ähnlichem zu schlechtem Gewissen verdonnert, um, am Absprung angelangt, sich beim Glücksspielkonzern lukrativ zu verwirklichen. Dann lässt der Hoffnungsträger Strolz seine hoffenden Wähler im Regen stehen, weil er keine Nerven mehr hat zum Aushalten der vergifteten Luft im Parlament.

Und während die ÖVP erfolgreich ihr altes Kain-und-Abel-Spiel zelebriert, versichert der enthusiastisch begrüßte eloquente, moderne SP-Grande mit dem Brustton der Überzeugung, dass alle Veränderungsgerüchte totaler Mumpitz seien, um 14 Tage danach seinen Abgang bekanntzugeben und mit der dreisten Mumpitz-Lüge nicht nur seine Partei und das ganze Ansehen der Politikerzunft und des Landes ruinös zu beschädigen, sondern eine echte Vertrauenskrise auszulösen. Von seinen Wählern verabschiedet sich der slimfitte Hoffnungsträger zwar nonverbal, aber unmissverständlich mit Goethes berühmtem Zitat. Wieso schämt sich hier keiner mehr?

Wer kennt ihn nicht, den mit Zusendungen karitativer Organisationen zum Bersten vollen Briefkasten? Die Flut an Bettelpost stellt einen vor das Problem, wie mit dem materiellen Umfang und belastenden Inhalt umzugehen ist? Eine nicht unwesentliche Frage, ist doch im gegenwärtigen Umgang mit der Zukunft unserer Vergangenheit (»Niemals vergessen!«) zu erkennen, wer wir sind.

Da wäre zuallererst die Altpapiertonne, in der die erhaltenen Postsendungen bis zur nächsten Aushebung gut archiviert wären. Außerdem verschafft einem diese täglich anwachsende Lösung einen Überblick, wie viel Ressourcen sinnlos aufgebraucht wurden, nur um ihre energieaufwendige Entsorgung in der Verbrennungsanlage zu erleben.

Dann gäbe es die Variante, die zumeist ansprechend gestalteten Texte mitsamt Bildern von großäugigen Kindern tatsächlich durchzusehen, um sich ein Bild zu machen, ob man dem Aufruf zu helfen nachkommen möchte.

Und für jene, die sich die Qual der Wahl zwischen Altpapiertonne und Evaluierung gänzlich ersparen möchten, steht das Ansuchen um Werbeverzicht sowie die Eintragung in die von der Wirtschaftskammer geführte Robinsonliste offen, damit persönlich adressiertes Werbematerial nicht den Weg in den Briefkasten findet. Diese vielversprechendste Abwehrmaßnahme hat jedoch einen Haken, und zwar die verbindliche Pflicht, alles schriftlich einreichen zu müssen. Und da Eigeninitiative nicht jedermanns Sache ist, wird gemäß dem österreichischen Trägheitsgesetz alles beim Alten gelassen und fest darüber geschimpft.

Dokumentiertes Bürgerquälen

Die Österreicher, heißt es, seien Weltmeister im Spenden für Zu-Herzen-Gehendes. Sei es ein Kinderspital oder der Tierschutzverein: Man spendet und kommt sich dabei gleich besser vor, als man ist. Und als uns der liebe Minister bei Spenden für besondere Einrichtungen auch noch eine steuerliche Begünstigung schenkte, erreichte das Spenden- und Spenderglück der Österreicher seinen Höhepunkt.

Aber jetzt ist plötzlich Schluss mit lustig: Nun müssen bei einer eigens dafür installierten Finanzabteilung seitens des Spendenempfängers der vollständige Name, der Wohnsitz, das Geburtsdatum und – wie man gerüchteweise hört – demnächst auch die Versicherungsnummer des Spenders dokumentiert und der neuen Abteilung gemeldet werden, damit der Spender die Steuerbegünstigung auch erhalten kann. Dazu sei die Frage erlaubt: Wie kommt man dazu, seine Daten einer nichtamtlichen Institution offenlegen zu müssen, damit eine amtliche das tut, wozu sie existiert? Wo bleibt hier der sonst bis zum Erbrechen strapazierte Datenschutz? Die Gründung eines Vereins zum Schutz der Bürger vor zu Tode dokumentierender Verordnungsquälerei, mit oder ohne Steuerbegünstigung, sei dringend zu empfehlen.

Ich habe mir zeitlebens kein Blatt vor den Mund genommen. Das hat sich mit zunehmendem Alter sogar verstärkt, da ich auf nichts und niemanden mehr Rücksicht zu nehmen brauche, auch nicht auf mich selbst.

Wenn ich zurückblicke, muss ich die Kirche im Dorf lassen und gestehen, dass ich eine Brüskiererin und keine Revolutionärin war. Mein Hirn riet mir stets dazu, den wagemutigeren Verstand nicht die Oberhand gewinnen zu lassen. Das überließ ich lieber anderen, die den quichottischen Kampf mit Windmühlen aus Überzeugung aufnahmen.

Die 30er-Jahre wurden von Menschen geprägt, denen ihre Überzeugung mehr als ihr Leben bedeutete. Aber auch mehr als das Leben der leichtgläubigen Jugend, die sie skrupellos zu Kanonenfutter machten. Kanonenfutter für andere zu sein, war und ist nicht mein Lebensziel. Ich helfe, wo ich helfen kann, und wo nicht, eben nicht.

Dass jede revolutionäre Tätigkeit mit ideellen Bestrebungen beginnt und mit pragmatischen Forderungen endet, war mir von Anbeginn klar. Das Aussichtslose dieser Einsicht beklagt die wahre Tragödie des Menschen, die nicht im Sehnen der Verfolgten und Unterjochten nach Freiheit liegt, sondern in deren heimlichen Träumen, ihre Unterdrücker eines Tages auch unterdrücken zu können und ihre Verfolger zu verfolgen. Wer das weiß, wird sich nie den Träumen und Versprechungen Revolutionärer hingeben. Glorreich angefachte Revolutionen enden zumeist als armselige Revolten, die außer ein paar neuen Gesichtern in den ersten Reihen der zuvor bekämpften Institutionen keine wesentlichen Änderungen bringen.

Papa Kreisky, schau oba!

Bundeskanzler Kreisky hat einmal auf eine Frage geantwortet: »Es ist die Rache der Geschichte an einst jungen Revolutionären, dass sie auf ihre alten Tage befrackt und mit Orden behangen das Land repräsentieren müssen« – sei es, verkleidet im Smoking, auf Bällen und bei offiziellen Diners oder auch in Wahlkämpfen als Bergfex im Lodengewand. Sofern es internationale Begegnungen betrifft, sind die Usancen protokollarisch festgelegt. Eine Nichteinhaltung der Regeln kann daher zu Recht vom Gast als Missachtung, Beleidigung, persönliche Präpotenz oder bestenfalls als erstaunliche Unprofessionalität wahrgenommen werden. Da man aus Erfahrung weiß, dass auf internationalem Parkett läppischere Ursachen schon unabsehbare diplomatische Folgen hatten, hat die alte Volkswahrheit »G'schäft is G'schäft und Schnaps ist Schnaps« als Conditio sine qua non ihre Berechtigung – unabhängig davon, ob man sie persönlich für blöd und veraltet hält.

Auf die Frage des witzigen, unvergesslichen Fischer-Karwin, was denn der Herr Bundeskanzler zu den wilden Opernball-Demos unter reger Beteiligung seines Sohnes Peter zu sagen hätte, antwortete der Alte: »Allmählich wird er zu alt dafür.«

Aus den Augen, aus dem Sinn, ist die Horrorvision eines jeden Politikers. Was kann für diesen schlimmer sein, als vom Wähler nicht mehr zur Kenntnis genommen zu werden? Deshalb wird und muss er alles Erdenkliche unternehmen, damit dies nicht geschieht.

Das ist, wie so oft, grundsätzlich nichts Verwerfliches. Mit Unterhaltung verbinden wir zu Recht viel Gutes: Ob damit Gespräch, Instandsetzung, kulturelle Betätigung oder vergnüglicher Zeitvertreib gemeint ist, tut nichts zur Sache, mit der Unterhaltung wird etwas aufrechterhalten und gepflegt.

Und genau darum, finde ich, soll es bei der Unterhaltung in der Politik gehen. Sie soll den Bürgern eine ihnen verständliche politische Bildung ermöglichen, damit sie ihrer demokratiepolitischen Rolle des Citoyens gerecht werden können. Politik allein den Kabarettisten zu überlassen, wäre fahrlässig, obwohl genau das heute passiert, während die Politiker ihre unterhaltungspädagogischen Defizite mithilfe des Boulevards wettmachen möchten.

Aber noch problematischer als das altbackene Boulevard wird es meines Erachtens, wenn die heute unumgänglich gewordene Symbiose von Politik und Unterhaltung für Fernsehen und Internet aufbereitet werden muss, erzwingt doch die medienangemessene Theatralisierung politischer Botschaften eine politisch oft verantwortungslos verzerrende Visualisierung der Welt. Indem Inszenierung wichtiger als Inhalt wird, verkommt das Politische zu einer Schmiere – zu einem oberflächlich und unsorgfältig gemachten Theater.

Und wenn ich etwas nicht ausstehen kann, dann ist das schlecht gemachtes Theater.

Österreich, ein Pizza-Land?

Politikerarbeit ist ein schweres Geschäft und wird, wie wir alle wissen, immer schwieriger. Darum braucht jeder Spitzenpolitiker Spindoktoren, die ihm Reden schreiben und auf die politische Correctness achten. Um aber auch die Person des Mandatars den Menschen attraktiv und volksnah zu präsentieren, bedarf es noch des Image Designers for Personal Presentation (IDfPP). Dergleichen gibt es schon lange und nicht immer mit Erfolg, wenn man zum Beispiel an den liebenswürdigen Burgenländer Sinowatz denkt, der, um auch den Tiroler Wählern zu gefallen, als Sportler mit Pudelhaube von seinem IDfPP auf Skier gestellt wurde.

In diesem Sinne sollte sich der elegante, repräsentable, stets perfekt gestylte Ex-Manager, unser Bundeskanzler, höchstselbst und allein überlegen, ob sein Jux-Auftreten in der Uniform eines Arbeiters aus dem Mindestlohnsektor dem Ruf einer sinnvollen Tätigkeit der Regierung und ihrer Mitglieder zuträglich ist – und ihre Arbeit für den Bürger dadurch plausibler wird. Der Kanzler jedenfalls konnte sich ein paar Tage in allen Medien als fröhlicher Pizzaverkäufer gefallen. Ach ja: Schon die Ebner-Eschenbach hat's auf den Punkt gebracht: Die Eitelkeit der Frauen ist fast so groß wie die der Männer.

In seiner Rede zur Eröffnung der Salzburger Festspiele 1994 erinnerte der international renommierte Gelehrte George Steiner an die Gründungsvisionen der Europäischen Union. Bereits damals war die Entstehung des heutigen Europas eine vage Erinnerung an längst vergangene Zeiten.

Um wie viel erstaunlicher muss der heutigen Jugend das, worauf Steiner in seiner damaligen Rede hinwies, erscheinen? Weiß sie, dass die 12 goldenen Sterne auf blauem Hintergrund der Flagge der Europäischen Union einen jüdisch-christlichen Ursprung haben und erst später zum Symbol für die Solidarität und Harmonie zwischen den europäischen Völkern umgedeutet wurden?

Rückblickend erkennen wir, dass solche Überlegungen nur für Augenblicke von Interesse waren. Steiner bedauerte bereits 1994, »dass dieser ursprüngliche Traum namens ›Europa‹ in eine aufgeblasene Bürokratie verwandelt worden ist«.

Müssten wir Europäer nicht beklagen, dass das kulturelle Vakuum, welches dieser ausgeträumte christlich-humanistisch geprägte europäische Traum der Gründungsväter hinterlassen hat, in zunehmendem Maße durch den »amerikanischen Traum« gefüllt wurde? Das Fehlen eines solchen zukunftsweisenden »Traums« spiegelte sich in der vom ehemaligen US-amerikanischen Verteidigungsminister Donald Rumsfeld auf einer Pressekonferenz abfällig geäußerten Bezeichnung »Das alte Europa« wider. Die Despektierlichkeit war die Retourkutsche dafür, dass viele europäische Länder 2003 eine Teilnahme am Irak-Krieg abgelehnt hatten.

Seither verkommt Europa zu einem kulturellen Disneyland.

Max und Moritz als Vorbilder?

Nun läuft es schon wieder davon, das eben noch ganz junge Jahr. Obwohl die erste Hälfte Jänner bereits Vergangenheit ist, dürfen wir uns doch wünschen, dass das beginnende Jahr weniger beängstigend enden möge als das abgelaufene Jahr. Wir dürfen auch hoffen, dass die zwei bösen Buben in Fernwest und Fernost aufhören, wie einst Max und Moritz mit ihren Knallerbsen herumzuspielen und damit zu drohen, ganze Erdteile unbewohnbar zu machen. Ungeduldig erwarten wir auch, dass Europa aus seinem Dämmerschlaf aufwacht und raschest als Bindeglied und Prellbock zwischen Ost und West sich zu Wort meldet. Anstatt sich über die wissenschaftliche Untersuchung zum Nachweis der Schädlichkeit von panierten Schnitzeln, die Minderwertigkeit chinesischer Paradeiser und die nicht EU-konforme Lagerung von Kebab Gedanken zu machen. Als krisenerfahrenster Kontinent ist Europa gefordert, seine »Splendid Isolation« endlich aufzugeben und zur Beruhigung oder Bewältigung von globalen Problemen einen Beitrag zu leisten. Und auch das Land Österreich ist zwar klein und schön, aber wir sollten zur Kenntnis nehmen: kein privater Schrebergarten.

Wer kennt sie nicht, die zwei faustischen Seelen in seiner Brust, die einen im Laufe des Lebens immer wieder vor innerliche Zerreißproben stellen? Da wird der nestroysche Witz, wer denn der Stärkere sei, i oder i?, zu einer abgründigen Hinterfragung des eigenen Seins.

Faust ist die mythische Verkörperung, der Archetypus all dessen und noch mehr: der zwischen einander ausschließenden Welten wandelnde Mensch in all seiner Größe und Erbärmlichkeit. Schon der Name ist Programm. Als zusammengeballte Hand versinnbildlicht Faust in der deutschen Sprache Krieg und Gewalt, während seine lateinische Wurzel *faustus* das Glücksbringende verheißt. Damit wird die in der Frage »i oder i?« enthaltene Zerrissenheit des Menschen, der sein Glück mit Brachialgewalt erzwingen möchte, mit dem Namen Faust zum Ausdruck gebracht.

Ursprung für dieses Sowohl-als-auch im Menschen ist das, was wir als Gewissen bezeichnen. Gewissensfragen sind knifflige Fragen, die in der Regel weniger Antworten als Gewissensbisse zur Folge haben. Gewissensfragen erinnern an Theaterdirektoren: Sie stellen einen auf die Probe.

Der Alltag ist die am häufigsten angesetzte Probe im Leben. Zu unserem Leid tragen dafür wir selbst und nicht ein Regisseur Verantwortung und müssen Antworten auf Fragen folgender Art finden: Wie spiele ich meine Rolle, um nicht auffliegen zu können?

Sich im Alltag korrekt zu verhalten, ist gar nicht so einfach, wie man meinen könnte, werden ja korrekte Leute, wie Theodor Fontane sagte, schon »um ihrer Korrektheit willen mit (...) Misstrauen betrachtet«.

Die Republik der Lemminge

In unserer kleinen Welt werden derzeit allerorts irrationale Kriege ausgefochten. Bei uns sind die tonangebend Staatstragenden erfolgreich dabei, aufgrund der Nestroy-Logik »Wer ist stärker, i oder i?« die letzten funktionierenden Strukturen zu zerstören und die Prophezeiung unseres Nationalklassikers Grillparzer »Im eignen Schoss ringt los sich der Barbar« zu erfüllen. Erfolgreich gelungen ist das den Grünen mit versteinerten Achtundsechzigern samt ehrverspielender Lady, den Türkisen durch Verschwinden hinter tiefblau-braunem Rauch, den Roten mit Lenin-Kappel-Look 1886 für eine ausgestorbene Klientel. Und nun bringt unsere sanfte, freundliche Eminenz, der Herr Kardinal, ungeachtet seiner schon vorhandenen ruinösen Probleme, mit seinen zweifelnden Bedenken auch die noch unangepatzte, hochgeachtete und funktionierende Caritas in beschädigendes Gerede von Tratsch und Besserwisserei. Jene wahrhaft katholische, das heißt: weltumspannende, Organisation, die sich jederzeit für alle Hilfesuchenden, unabhängig von Rasse, Konfession und Weltanschauung, einsetzt. Was seine Eminenz dazu bewogen hat, sich nun dem Zug unserer Polit-Lemminge anzuschließen, ist rätselhaft. Das weiß wohl nur der liebe Gott.

Rot und Schwarz sind inzwischen geschiedene Leute. Das könnte Herrn und Frau Österreicher unter Umständen zu denken geben. In Anbetracht des immensen Schadens, den wir der Bequemlichkeit und dem Opportunismus beider Parteien zu verdanken haben, können wir nur hoffen, dass die von ihnen hinterlassenen Scherben ausreichen, um fahrlässig aufgerissene Gräben ein für alle Mal zuzuschütten.

Voraussetzung dafür wird sein, dass Rot und Schwarz endlich kapieren, dass sie dem Wähler und somit Österreich mehr sein müssen als zwei zu setzende Farben im Roulette. Die Auswüchse dieser über ein Jahrhundert gepflegten Spielstrategie, bei der man den Menschen, unter der Voraussetzung, stets die gleiche Farbe zu wählen, hohen politischen Gewinn mit geringem Risiko verspricht, sind eine Schimäre, die weder im Casino noch in der Politik funktioniert – allerdings mit dem Unterschied, dass es im Glücksspiel festgelegte Grenzen gibt.

Dagegen spielen die beschränktesten Politiker schrankenlos mit Wählerstimmen. Man möchte ja für alle da sein. Dass dabei der politische Gewinn zu guter Letzt immer nur so hoch sein kann wie der Anfangseinsatz, wird geflissentlich verschwiegen. Und das hat seinen im Casino millionenfach verbrieften Grund.

Unwahrheiten werden nicht wahrer, wenn man sie mantrahaft wiederholt. Die Wahl zwischen Rot und Schwarz gehört im Roulette zu den einfachen Chancen, die genützt werden sollten, so lange sie nutzbar sind. Wenn jedoch mit sich wiederholender Regelmäßigkeit keine der einfachen Chancen mehr gewinnt, ist es an der Zeit, seine Strategie zu ändern.

Letzte Chance für die Regierung

Welch glorreiche Idee war das doch im Hinblick auf die kommenden Wahlen, die abgelegten Bürgerschreck-Utensilien aus alten Zeiten zu revitalisieren! Man konnte schon darauf warten, dass nach dem Hammer-Sichel-Gespenst demnächst auch die »schwarze Katze« mit den bösen, gelben Augen in Habit und Pfaffenkappe und der »Rentenklau« fröhliche Urständ feiern würden.

Aus der gegenseitigen Antipathie unserer Koalitionäre, die uns seit Jahren verbal und via Fernsehen ins Haus geliefert wurde, war eine vergiftete Atmosphäre entstanden, die nicht nur jede gemeinsame vernünftige Handlung und Entscheidung verhinderte, sondern offensichtlich auch die Qualität des Verstandes in beiden Parteien schwerstens beschädigt hatte. Denn wie anders sollte man es sich erklären, dass alle Beteiligten sich der ruinösen Situation durchaus bewusst waren, aber dennoch fröhlich ohne Rücksicht auf Land und Leute weitermachten wie bisher?

Durch den Rücktritt Mitterlehners ist nun noch einmal, und vielleicht zum letzten Mal, die Chance gegeben, dass die beiden Parteien endlich das tun, wofür sie gewählt werden wollten: um für Land und Leute erfolgreich zu arbeiten.

1965 war vielerorts ein denkwürdiges Jahr, in dem der nicht unumstrittene Bürgerrechtler Malcolm X in den USA ermordet wurde und der Gouverneur von Alabama eine Bürgerrechtsdemonstration wegen Bedrohung der öffentlichen Sicherheit mit Knüppeln und Tränengas stoppen ließ. Es war auch das Jahr, in dem ein Journalist das sogenannte »Braunbuch« mit den Namen von über 1800 Nazis und Kriegsverbrechern in westdeutschen Führungspositionen veröffentlichte, ein Umsturzversuch in Indonesien zum Völkermord an der chinesischen Minderheit führte, Wolf Biermann in der DDR mit Auftrittsverbot bestraft wurde und es zum ersten großen Gefecht des Vietnamkrieges kam. Ein *annus horribilis* für unzählige Menschen, die zu spüren bekamen, wie Toleranz und Akzeptanz mit Füßen getreten wurden.

Aber war es ehedem und nachdem je anders?

Da fällt mir der Dialog zwischen dem älteren, lebensgewandten Viktor Komarovskij und dem jungen, schwärmerischen Pascha Antipov in der Verfilmung des *Schiwago* ein: Komarovskij teilt Antipov mit, dass er dessen Jugend als dominierende Eigenschaft wahrnimmt. Worauf Antipov fragt, ob sich Menschen mit zunehmendem Alter bessern. Komarovskij pariert kurz und treffend, dass sie ein klein wenig toleranter werden, worauf Antipov erbarmungslos erwidert, dass das so wäre, weil sie in sich selbst mehr zu tolerieren hätten.

Antipovs jugendlicher Gegenschlag gibt einem zu denken, vor allem, wenn man selbst älter ist. Wird man im Alter tatsächlich nur toleranter, da dies die bequemste Lösung ist, um die bürdende Last an »Lebenserfahrungen« zu erleichtern?

Toleranz? Bitte auf Gegenseitigkeit!

Mit dem Wort »Toleranz« war ich nie glücklich: Lateinisch »tolerare« heißt ja »dulden«, und ich bin dafür, andere nicht zu dulden, sondern zu akzeptieren – auch ihr Anderssein, sonst bleiben nämlich die Vorurteile, und die sind das Schlimmste. Akzeptanz muss aber immer beiderseitig sein. Ich habe nichts gegen Provokation, wenn sie einem nachvollziehbaren Zweck dient und von allgemeinem Interesse ist. Ich selbst bin 1965 von einer Demonstration gegen den Nazi-Universitätsprofessor Borodajkewycz mit einer Platzwunde nach Hause gekommen.

Aber für eine Udo-Jürgens-Bademanteldemonstration zur Hauptverkehrszeit auf dem Ring habe ich kein Verständnis. Nachsicht, Vorsicht und Rücksicht sind die Grundpfeiler im gegenseitigen Umgang. Deshalb konnte ich auch in die allgemeine Empörung nicht einstimmen, als die Besitzerin des Cafés Prückel zwei einander demonstrativ begrüßende Damen des Lokals verwiesen hat. Ich war nicht Zeuge des Vorgangs, aber hier wurde wohl zum Zweck der Provokation ein gewisses Maß an Zärtlichkeit überschritten. Ein Café ist ein Ort, an dem die Menschen Kaffee trinken, Zeitung lesen und miteinander reden. Ob sich dort zwei Frauen, zwei Männer oder eine Frau und ein Mann danebenbenehmen, interessiert mich nicht. Aber ich empfehle für alle einschlägigen Aktivitäten das Bett.

Wer hätte gedacht, dass Thomas Hobbes' Beschreibung eines vermuteten Naturzustands, in dem alle gegen alle kämpfen, ausgerechnet auf den Straßen Wiens 368 Jahre später ihre Verifizierung finden würde? Die nicht nur verbal eskalierende Auseinandersetzung zwischen Autofahrern, Radfahrern und Fußgängern im Straßenverkehr zeigt in Hobbes Worten, dass »Menschen, die ohne eine gemeinsame Macht leben, die sie alle in Bann hält, […] sich in dem Zustand befinden, den man Krieg nennt«. Und dementsprechend ist die Politik angehalten, Lösungen für diesen Konflikt zu finden.

Zuvor wäre zu klären, weshalb sich Radfahrer und Autofahrer nicht schmecken können. Wem auffällt, dass sich die Gehässigkeiten im Zaum halten, solange die Radfahrer auf »ihren« Radwegen bleiben, wird schnell begreifen, dass es sich in erster Linie um eine Revierfrage handelt. Wer die Markierungen des anderen respektiert, ist weniger wütenden Angriffen ausgesetzt als jene, die Reviermarken überfahren beziehungsweise übergehen.

Auch hier geht es um Macht. Psychologisch besonders interessant wird der Konflikt, wenn er sich in ein und derselben Person manifestiert: eine schlüpfrige Situation, wenn einer, der auch Autofahrer ist, sich auf dem Rad wie ein Radfahrer und auf dem Zebrastreifen gar wie ein Fußgänger verhält. Grund dafür ist angeblich die jeweilige Geschwindigkeit, mit der wir uns fortbewegen. Speed kills ist insofern eine ethisch-moralische Dimension, die wir uns auf der Straße auch als solche vor Augen halten sollten.

Mehr Herz für Fußgänger!

Die Wiener Verkehrsstadträtin Vassilakou hat ein großes Herz für Radfahrer. Das ist in Ordnung. Auch dass sie die Autofahrer hasst, nehme ich zur Kenntnis. Aber woher die Abneigung gegen Fußgänger? Gegen Alte, gegen Eltern mit Kinderwagen, gegen Touristen, die einen Stadtplan studieren wollen? Die Ringstraße wurde seinerzeit als Allee zum Flanieren angelegt. Aber vor über einem Jahr hat man die von Otto Wagner entworfenen Bänke weggeräumt. Die Radfahrer übernahmen das Kommando, man ist dankbar, wenn einem nicht über die Füße gefahren wird.

Andererseits werden die Fußgänger in Geiselhaft genommen, um die Autofahrer zu quälen. Urbs, die Stadt, ist ein Handelsplatz, das wussten schon die Römer. Deshalb halte ich die Umwandlung der großen Einkaufsstraßen in Fußgängerzonen für provinzlerisch. Die Kärntner Straße war einmal berühmt für ihre feinen, repräsentativen Geschäfte. Heute dominieren dort neben scheußlichen Kleiderhäusern Souvenirläden, in denen Kaiser Franz Joseph auf Nachttöpfen und Kaiserin Elisabeth auf Zahnbürsten angeboten werden. Und in der Mariahilfer Straße waltet überhaupt der Darwinismus: Die kleinen Läden sperren zu, die großen wehren sich noch. Der Effekt ist, dass sich Blechlawinen in die Einkaufszentren am Stadtrand wälzen. Das nenne ich angewandte Umweltpolitik.

Die SPÖ hat jahrzehntelang nichts so sehr beherrscht wie die Kunst der öffentlichen Geschlossenheit. Was ist passiert, dass sie heute der ÖVP, einst unüberbietbare Meisterin der von innen nach außen kolportierten Zerstrittenheit und Intrige, den Rang abgelaufen hat?

Es klingt geradezu grotesk, dass die SPÖ, wie die Kirche, einen erheblichen Teil ihrer Anhängerschaft durch Dogmatismus zunächst verunsicherte, dann vergrämte und schließlich verlor. Wer den Heiligen Gral sucht, um Glückseligkeit, ewige Jugend und Speisen in unendlicher Fülle zu erlangen, darf nicht die Leiden der Gralshüter außer Acht lassen. Denn obwohl das von ihnen gehütete wunderkräftige Gefäß ewiges Leben spendet, wird ihr Leben vom Siechtum des Königs, der Unfruchtbarkeit des Reichs und ihrer eigenen Sterilität bestimmt. Das Warten auf den einen Erlöser wird zum Inhalt ihres Seins.

Die Vielfalt in einer Bewegung mit der Dimension der Sozialdemokratie lässt sich aber nicht auf einen Nenner bringen, da es für solch eine Vielfalt keine einzige Wahrheit gibt. Vielfalt kann nur durch Vielfalt beantwortet werden. Und wer darin ein ketzerisches Abweichen vom allein selig machenden Weg sieht, soll gefälligst Eremit werden.

Die SPÖ hat spätestens in der Flüchtlingskrise quasi mit den Flüchtlingsströmen ihr Flussbett verloren und wartet seither in ungläubiger Erstarrung, erlöst zu werden. Immerhin haben ihre Delegierten am Bundesparteitag im November 2018 in Folge weiterer durch Mark und Bein gehender Erschütterungen Pamela Rendi-Wagner zu ihrer ersten weiblichen Parteivorsitzenden gewählt.

Kulturerbe, wos brauch ma des?

Hauptsache, der lebenswichtige Fremdenverkehr funktioniert, und das beweisen laut Rathaus die Monsterriesenautobusse mit den Tagestouristen aus den Ostsüdostländern, die den permanenten Kirtag in der Innenstadt wohl als Kontrast zu daheim herrlich finden. Wer ist dafür verantwortlich, dass die Innenstadt zur Fress-, Sauf-, Kitsch- und Joke-Meile in Buden, Schanigärten, Zelten verkommt? Dass jeder greifbare städtische Platz entweder an Event-Agenturen vermietet oder zum Verbauen mit Maurerarchitektur à la Emmentaler mit Fensterlöchern vermarktet wird? Welchen Qualifikationsnachweis müssen die zuständigen Männer und Männinnen für derartige Entscheidungen erbringen?

Und Bürgermeister Häupl? Er war doch einmal ein Schwergewicht in jedem Sinne. Seine Erscheinung als Mischung von Kutscher und Weinbeißer täuschte über seine Intelligenz und seinen Willen zur Macht hinweg. Aber jetzt ist er einzementiert in das Parteifundament von 1889, nimmt die Parteigötterdämmerung allseits nicht zur Kenntnis. Während rote und schwarze Wegbegleiter längst nach dem Motto »Rette sich, wer kann« zu neuen Ufern rudern, erbringt er den Beweis, dass auch ein echter Wiener untergehen kann.

Sich von Abfall zu befreien, nennen wir nicht zufällig ent-sorgen. Denn wer Abfall nicht sachgemäß beseitigt, schafft sich und anderen über kurz oder lang einen Müllberg an juristischen Sorgen.

Da stellt sich die Frage, weshalb ausgerechnet die Jurisprudenz sich nicht angemessen um ihren »Mist« kümmert. Die Gesetzesflut in unserem Land ist nicht weniger bekannt als die biblische Sintflut und muss wie diese überstanden werden.

Da könnte die Anschaffung einer Arche Iuris, in der von jedem Kodex nur die besten Normen, Begriffe und Regeln an Bord gelassen werden, von Nutzen sein, wenn nicht – ja, wenn nicht der berühmt-berüchtigte Restzweifel, ob nicht diese oder jene gestrichene Vorschrift doch einmal für mich oder meine »Freunde« von Nutzen sein könnte, die Arche letztendlich wegen Überlastung zum Kentern bringen würde.

Aber ich möchte nicht päpstlicher als der Papst sein und an Noahs respektive des jeweils zuständigen Ministers Fähigkeiten zweifeln. Vielleicht versetzt der Glaube auch in dieser Causa Berge, die man mit der Arche Iuris ansteuern könnte. Womit ich mit Spannung die von Josef Moser angekündigte Außer-Kraft-Setzung aller Gesetze des Zivil-, Straf- und Verwaltungsrechts, die älter als 18 Jahre alt sind, erwarte. Satiriker lästerten sogleich, dass der Neo-Minister damit das an Jahren ältere Strafgesetzbuch und Allgemeine Bürgerliche Gesetzbuch außer Kraft setzen werde, aber das, denke ich, ist nicht einmal in Kakanien zu befürchten.

Es hätte mich ohnehin gewundert, wenn Noah ausgerechnet in unserer Sintflut noch einmal ausgelaufen wäre.

Sind Menschen für Gesetze da?

Je älter ich werde, desto klarer wird mir: Die Gesetze sind nicht mehr für die Menschen, sondern die Menschen für die Gesetze da. Da bewohnt zum Beispiel eine 70-jährige Lehrerin – eine Witwe, die Kinder sind längst ausgeflogen – ein Sommerhaus am Stadtrand. Sie würde gerne für eine kleine Flüchtlingsfamilie die zwei ehemaligen Zimmer ihrer Töchter zur Verfügung stellen, ihnen helfen, Deutsch zu lernen, und sich auch sonst weiter um sie kümmern.

Aber daraus wird nichts. Abgesehen davon, dass sich die Lehrerin erst einmal eine strafrechtliche Bescheinigung und eine Zusatzbescheinigung zum Erteilen von Unterricht an Kinder besorgen muss, ist auch eine Begutachtung der Baubehörde abzuwarten und eine Kontrolle des Gesundheitsministeriums angekündigt, um festzustellen, ob das Quartier auch zumutbar sei. Da nun die Dusche und das WC nicht im Parterre wie die zwei Zimmer, sondern im Souterrain liegen – und weil außerdem die Lehrerin doch schon zu alt ist – wird einer Unterbringung der Flüchtlinge nicht zugestimmt. Die Flüchtlinge leben also wie schon seit einem halben Jahr offenbar zumutbar im Zelt in Traiskirchen, und für die engagierte alte Lehrerin wird im Zweifelsfall nicht die Unschuldsvermutung, sondern natürlich eine Schuldvermutung gelten.

Als ich im Mai 2016 meinte, es müsse sich das politisch neu aufgesetzte Österreich nur bücken, um das auf der Straße liegende Glück aufzuheben, hätte ich mir nicht träumen lassen, dass nicht das Glück, sondern das Ergebnis des zweiten Wahlgangs bei der Bundespräsidentenwahl »aufgehoben« werden würde.

Dies »Missgeschick« zeigt die Vielschichtigkeit unseres Rechtsstaates. Auf der einen Seite schützt uns diese Vielschichtigkeit vor diktatorisch verfügten »Endlösungen«, auf der anderen fördert sie die konstante Pattstellung auf dem Schachbrett österreichischer Staatskunst. Keine regulären Züge mehr ausführen zu können, solange der König beziehungsweise der jeweilige Machthaber unangreifbar bleibt, ist in Österreich eine kulturhistorisch nicht unübliche Situation. Hauptsache, kein Matt, das die Ohnmacht der Führung bloßstellt! Da würden die Säulen des Systems wackeln und den viel gepriesenen österreichischen Weg in ein bodenloses Dahindämmern abrutschen lassen. Nicht von ungefähr heißt es im Kabarett: Wenn Wahlen etwas bewirken würden, wären sie längst verboten.

Und bis zu einem gewissen Grad ist das auch gut so, da unsere Bundesverfassung nicht durch einzelne Urnengänge ins Schleudern gebracht werden darf.

Damit meine ich die in der Verfassung grundsätzlich verankerten Bestimmungen über Staats- und Regierungsform, Aufbau des Staates und Stellung und Rechte der Menschen im Staat als Basis dessen, worauf wir politisch vertrauen und bauen dürfen. Damit es auch so bleibt, ist es unabdingbar, anlassbezogene Systemverbesserungen nicht bloß zu erdenken, sondern diese dann auch durchdacht umzusetzen.

Die Zitterpartie und die Folgen

Das also ist, wenn alles so bleibt, das Resultat der Zitterpartie. Die einen sind noch mal davongekommen, die anderen können hoffnungsvoll in ihre Zukunft blicken, und Europa sei, wie man lesen konnte, ein Stein vom Herzen gefallen. Und was jetzt? Weiterwurschteln wie bisher, ob in Brüssel oder Wien, mit Verboten, Verordnungen, Sanktionen, Drangsalierungen, Bespitzelungen und Bestrafungen für Lächerlichkeiten. Heere von Beamten, die sich zum Bürgerquälen in Trab setzen, weil sie das müssen, ob sie wollen oder nicht.

Uns jedenfalls hat die Zitterpartie eine unerwartete Chance geschenkt: einige neue Regierungsmitglieder, die noch nicht durch jahrzehntelange Präsenz gedanklich, semantisch und TV-optisch abgenützt und verbraucht sind; einen Manager-Kanzler, der sich samt seinem Vizekanzler mit einfachen, klaren Worten sogar verständlich vorgestellt hat. Diese Regierung hätte jetzt alle Chancen auf Erfolg, wenn es ihr gelingt, den internen Watschentanz und die jeweiligen Parteibedienungsläden abzuschaffen und die vielen versteinerten Standpunkte aus dem vergangenen Jahrtausend auszuhebeln und sich neu zu positionieren. Ein altes Sprichwort sagt: »Das Glück liegt auf der Straße. Aber man muss sich bücken, um es aufzuheben.«

Die Österreicher sind ein spendenfreudiges Volk. Dass sie sich deshalb sogleich als Spendenweltmeister sehen, liegt mehr an unserem zum Größenwahn tendierenden Naturell als an belegbaren Fakten. Amerikaner, Briten, Niederländer, Schweizer und Deutsche spenden in der Regel pro Kopf mehr als unsereiner, aber wir wollen ja um Gottes willen nicht kleinlich sein.

Dass dabei das Geld rasch und unbürokratisch ankommt, um seinen Zweck zu erfüllen, sollte selbstverständlich sein, ist es aber nicht mehr. Schon so manch karitative Organisation stand zum Schaden aller wegen einem überhöhten Verwaltungskostenanteil und dergleichen in der Kritik. Als Präsidentin des Vereins »Künstler helfen Künstlern«, der das Künstlerheim in Baden betreibt, kann ich jedenfalls beteuern, dass jeder dankbar empfangene Cent den beabsichtigten Zweck des Spenders erfüllt.

Doch ins Empfinden der Dankbarkeit mischt sich nach einer größeren Reparatur oder einer zeitbedingten Erneuerung der Bausubstanz flugs der Wunsch nach einem höheren Spendenvolumen. Aber das dürfte in der Natur der unerreichbaren Ziele des Karitativen liegen.

Da wundert es, weshalb Menschen das bodenlose Fass des Karitativen überhaupt unterstützen. Dazu gibt es unterschiedliche Meinungen von Experten. Die einen sagen, dass Spender sich nur selten von ihrem Verstand leiten lassen, während andere im Spenden eine bewusst herbeigeführte Selbstbefriedigung vermuten. Wie dem auch sei, Mitgefühl unterliegt einer seltsamen und oft irrationalen Arithmetik, in der primär mit Gefühlen und nicht mit Zahlen gerechnet wird.

Datenschutz oder was?

Seit vielen Jahren spendet eine Freundin aller schönen Künste, ganz speziell aber des Sprech- und
Operntheaters, dem Künstler-Seniorenheim in Baden –
das wie alle Privatinstitutionen für jede Unterstützung
dankbar ist – zweimal im Jahr 300 Euro. Sie konnte sie
bisher als Charity-Spende von ihrer Steuer absetzen. Ab
nun aber will sie nicht mehr spenden, was in Anbetracht
der amtlich verordneten strengen Datenschutzgesetze ihr
gutes Recht ist: Die Finanz verlangt von ihr nämlich –
man höre und staune –, dass sie ihre vollständigen Daten,
inklusive Nachname mit sämtlichen Vornamen und
Geburtsdatum, dem Büro des Heimes mitteilt. Anderenfalls kann die Spenderin die Spende nicht mehr abschrei-
ben.

Man kann dazu nur noch sagen: Die Finanz soll sich,
anstatt spendenfreudige Bürger mit Datenschutzhysterie-
verordnungen zu verbittern und dabei noch diese ihre
eigenen Verordnungen lächerlich zu machen, lieber mit
dem gleichen Eifer mit den Briefkastensubfirmen der
internationalen Konzerne auf den ozeanischen Zwerg-
inseln befassen, wo bekanntlich die herumschwimmen-
den Fische am Geldfutter ersticken.

Was will man mehr? Ein neuer Bundespräsident und Wiener Bürgermeister sind gewählt und der Straßenbelag des Ballhausplatzes saniert. Es geht ja doch, wenn »man« will! Dass der Bundespräsident erst nach Wiederholung und nochmaligem Aufschub des zweiten Wahlgangs feststand, der Wiener Bürgermeister erst nach einer Kampfabstimmung in der eigenen Partei zur Wahl antreten durfte und die Sanierung des Ballhausplatzes nach Abbruch der teilweise schon errichteten unschönen Anti-Terror-Mauer mit 42 scheußlichen Pollern gesichert wurde, sei ordnungshalber nebenbei erwähnt.

Und der Neuerungen nicht genug, wurden inzwischen auch die zwei als temporäre Parlamentspavillons fungierenden Container auf dem angrenzenden Heldenplatz bezogen. Stellvertretend für all diese innovativen Neuerungen wurde anlässlich deren Fertigstellung vom Projektleiter im Pluralis Majestatis verkündet, dass *wir* »eine gute Entscheidung getroffen« haben und »für drei Jahre spannende Akzente setzen« werden.

Danach mögen die Container an passenderen Stellen ihre modern schlichte Eleganz entfalten und im revitalisierten Parlamentsgebäude am Ring an der parlamentarischen und nicht der parteipolitischen Geschichte Österreichs ernsthaft weitergearbeitet werden. Vor allem aber wünsche ich allen, die sich für unsere hart errungene Demokratie einsetzen, dass sie sowohl in den Provisorien als auch im Prachtbau am Ring den geistigen Inhalt von dem zu bestaunenden Ornamentalen zu trennen wissen, damit die sich hinter Pollern verschanzende Demokratie nicht ein auf Abruf bereites Provisorium wird.

Raschester Reparaturbedarf

Wenn das Schlachtfest um Präsident und Rathaus erfolg- und verlustreich, je nach Standpunkt, entschieden sein wird, kann man hoffen, dass die Gottsöbersten sich wieder mit Aufgaben beschäftigen werden, für die sie gewählt wurden. Vor allem sollten sie schleunigst darüber nachdenken, ob unsere Stadt für Besucher nichts Interessanteres zu bieten hat als den üblichen Tourismustrampelpfad mit Souvernirshops, Sisi-Kitsch, Fressbuden und Weinausschank; alles in seliger Wurstelprateratmosphäre. Langsam, aber sicher verziehen sich die Bewohner des ersten Bezirks in andere Gegenden, ihre Anzahl hat sich in den letzten zehn Jahren halbiert. Worauf warten die Zuständigen? Wollen sie nur ein Wien-Disneyland verkaufen?

Apropos verkaufen: Seit Jahren ist der Ballhausplatz in einem skandalösen Zustand. Womit ich diesmal nicht das Machtzentrum, sondern den Platz mit seinem Reparaturasphaltfleckerlteppich meine. Nicht nur optisch ist der Platz eine Zumutung, sondern vor allem bei Regen gefährliches Pflaster für alle Fußgeher. Für eine rasche Totalreparatur dieses schandhaften Flecks wäre vielleicht ein dienstautofreier Tag für Würdenträger mit Gehverpflichtung zum Bundeskanzler von Nutzen.

Mozart lehrt uns in seiner *Zauberflöte*, dass ein Prinz nicht bloß Prinz, sondern primär Mensch ist. Damit erhöht er uns alle und nicht nur Tamino. Menschwerdung und Menschsein haben im christlich geprägten Abendland einen hohen Stellenwert, der sich in unserer Gesetzgebung niederschlägt. Die Allgemeine Erklärung der Menschenrechte 1948 wäre ohne Rückbesinnung auf diese Ideale nicht denkbar. Dass das Ideal der Freiheit, Würde und Rechtsprechung bloß ein Ideal und zu keiner Zeit hundertprozentig gelebte Realität war, tut nichts zur Sache.

Aber Hand aufs Herz – ist es der Prinz oder der Mensch, dem wir auf der Bühne des Lebens zu begegnen wünschen? Wenn es der Mensch wäre, dann hätten die Betreiber unzähliger Gesellschaftsmagazine mit ihren oft menschlich fragwürdigen »Stories« über Prinzen und Prinzessinnen ein erhebliches Problem. Wer würde sich wegen des Menschen im Prinzen eine Illustrierte für teures Geld kaufen? Mit dem Menschsein ist bei den Menschen kein Geschäft zu machen.

Und das wissen wenige besser als Politiker. Aus den Augen, aus dem Sinn ist für diese weniger Sprichwort als Drohung. Sich selbst zu verlieren, ist eine furchterregende Perspektive, bleibt doch nichts weiter als ein hoher Nachgeschmack dessen, wer man einst war. Was bedeutet denn das geflügelte Wort »Mich hätten Sie sehen sollen!« anderes, als auf einen nicht mehr existenten Menschen hinzuweisen? Wenn Politiker sowie andere Selbstdarsteller im öffentlichen Leben nicht abtreten wollen, dann unter anderem, weil sie das, was sie sind, nicht aufgeben möchten.

Nicht Österreich, zuerst ich

Es ist schon makaber zuzusehen, wie einst hoffnungs-volle Jungpolitiker als Gespenster ihrer selbst enden. Waren es bis kürzlich vor allem die ÖVP-Granden, die zur Selbsterhaltung wie Gott Chronos die eigenen Kinder gefressen haben, so sind nun SPÖ und Grüne dabei, ihnen den Vorrang streitig zu machen. Während die ÖVP ihre präsumptiven Erneuerer samt Django Mitterlehner durch K. o. erledigt hat, wurden in der SPÖ Dr. Cap als eine Art pragmatisierter Vertreter seiner selbst gleich im Parla-ment intern und Dr. Gusenbauer mittels Metamorphose vom Ideologiehüter im Renner-Institut zum Großkapi-talsvertreter entsorgt. An der eben stattfindenden Selbst-demontage der grünen Partei mit ihrem Protagonisten Dr. Pilz wird nun die Hybris unserer gesamten Parteipoli-tik so richtig anschaulich demonstriert: diese Selbsterhal-tung um jeden Preis, dieses Ignorieren des eigenen Bes-serwissens – dieses Um-jeden-Preis-Festhalten, diese Angst, als alt zu gelten und alt zu sein, dieses Nicht-wahr-haben-Wollen, dass die Tragödie des Alterns nicht das Altsein ist, sondern die ruinöse Lächerlichkeit, der man sich preisgibt, wenn man's nicht zur Kenntnis nimmt.

»Aufhören ist eine Stärke, nicht eine Schwäche«, kommentierte Ingeborg Bachmann im Jahr 1971 ihren Entschluss, sich als Lyrikerin zurückzuziehen.

Jemandem zum Aufhören zu raten und selbst aufzuhören sind zweierlei Dinge. Ingeborg Bachmann wusste über dieses Missverhältnis, das auch ihr Leben auf sehr tragische Weise mitbestimmte. Die Ansicht, dass wir Schlafende sind, aus Furcht, uns und unsere Welt nicht wahrnehmen zu können, hatte für sie denselben Wahrheitsanspruch wie ihr von mir oft zitierter Grundsatz, dass die Wahrheit dem Menschen zumutbar ist. Doch wenn es um die Variablen des Lebens geht, ist der Indikativ in seiner realitätsbezogenen Bestimmtheit oft trügerisch und sollte zum Wohl des Gesagten dem die reale Welt hinter sich lassenden Konjunktiv weichen. Denn dann hieße es auf einmal: »Die Wahrheit wäre dem Menschen zumutbar, wenn …«, und das kommt der Problematik des Lebens wesentlich näher.

Erfahrungsgemäß lebt es sich mit einem konditionalen Wenn leichter. Metaphorisch ist es das Salz, mit dem sich die von uns gekochten Süppchen besser zubereiten lassen.

»Aufhören ist eine Stärke, nicht eine Schwäche«, gilt auch für die inflationäre Verwendung dieses kleinen Worts »wenn«, das uns in die Irrealität des Konditionalen flüchten lässt. Das kann im privaten wie im öffentlichen Leben einige Zeit gut gehen, doch am Ende darf man nicht überrascht sein, wenn einen die Folgen des Wenns ohne Wenn und Aber einholen. Ich werde, wenn …, ich beginne, wenn…, ich höre auf, wenn … sind keine zukunftsweisenden Lösungen, da das Wenn alles auf Sankt Nimmerlein projiziert.

Vergiftetes Pilzgericht

Genießbares oder vergiftetes Pilzgericht? Ob man eine Leiche im Keller hatte oder nicht – jeder, der ins Schussfeld des selbst ernannten, aber durchaus anerkannten Wirtschaftsmoralhüters der Republik geriet, kam ins Schwitzen. Dass der Grüne Peter Pilz nun, im Zenit seiner selbst auferlegten Mission der Aufdeckung des Eurofighter-Skandals, von seinen eigenen Genossen abgewählt wurde, ergänzt das Bild der politischen Parteienlandschaft, das uns Rot und Schwarz jahrelang vorgezeichnet haben. Die gnadenlos konsequente Arbeit der Parteien zugunsten der Einzementierung der eigenen Machtposition hat ein Neid- und Misstrauensklima sogar in den eigenen Reihen erzeugt, das alle zeitgemäßen, gemeinsam notwendigen Unternehmungen schon a priori vergiftet und erstickt hat.

Es ist zu hoffen, dass der nun spürbare politische Klimawandel endlich frische Luft zum Atmen und gründlichen Durchlüften unserer Regierungsfestung bringt. Jedes Ding hat seine Zeit. Diese salomonische Weisheit nicht zur Kenntnis zu nehmen, ist kein Zeichen von Charakterfestigkeit, sondern von Altersstarrsinn oder einfach Unintelligenz und gehört mit dankbarem Gedenken im Ausgedinge versorgt.

V Leck mich am Auspuff!

Salut aufs
Künstlerheim!

»In Deutschland kann es keine Revolution geben, weil man dazu den Rasen betreten müsste.« Kann man sich von Bürgern ein besseres Benehmen wünschen?

Das Zitat wird dem Diktator Josef Stalin zugeschrieben, dürfte aber das Aperçu eines anderen gewesen sein. Stalin selbst hat darauf hingewiesen, was die Vermutung zulässt, dass ein Zitatenklau selbst für einen brutalen Diktator inakzeptabel sein kann. Da tun sich sogenannte »anständige« Menschen mit der Anführung einer Quelle oft schwerer, wofür man ihnen des Öfteren Originalität zuschreibt. Das Risiko, beim Zitatenklau aufzufliegen, nehmen viele für diese Anerkennung in Kauf, obzwar eine solche Handlungsweise von schlechtem Benehmen zeugt. Diskrepanzen dieser Art zwischen gesellschaftlich eingeforderten Benimmnormen und individuellem Benehmen führen bei der kritisch beobachtenden Jugend früher oder später zur Rebellion.

Gehorsam und Unterordnung haben in unserer Geschichte eine tiefwurzelnde Tradition. Ob Kirche, Vater oder Lehrer – die von »Gott gewollte« und vom Staat getragene Macht der Obrigkeit stand immer so lange nicht zur Diskussion, bis es außer Rebellion keinen Ausweg mehr gab. Die Auswirkungen dieses Unwillens, in einer dialektischen Gesellschaft zu leben, wo These und Gegenthese zu einer problemlösenden Synthese führen könnten, waren meist verheerend und im Negativen beispielhaft dafür, wie vorauseilender Gehorsam in nacheilende Barbarei führen kann. Und da es bei uns außer solchen Eruptionen kein Ventil für den politischen Kochtopf gab, ließ man den darin steigenden Druck mithilfe der Kunst ab.

Pflichtstunden bei Elmayer, bitte!

Bin beschäftigt, fass dich kurz«, befiehlt mir eine 15-Jährige, der ich zum Geburtstag gratulieren wollte, per Mailbox am Telefon. Ja, ja, ich weiß schon: Das ist eben die neue Würze der Kürze der virtuellen Computerkonversation. Als Modell aber für zeitgemäßen Stil von Rede und Antwort zwischen halbwegs kultivierten Menschen vermittelt Derartiges Geringschätzung, Präpotenz und ist einfach frech und unverschämt.

Es ist an der Zeit, dass die 68er-Großeltern und -sympathisanten ihren Enkeln nach zwei Generationen Erfahrung etwas klarmachen: Die seinerzeit berechtigte Forderung nach mehr Selbstbestimmung ist inzwischen mit respektvoll zuhörendem guten Benehmen nicht nur durchaus vereinbar, sondern auch erfolgreicher. Ein freundliches Lächeln schadet auch nicht. Die unappetitlichen Aufforderungen auf Autohecks (»Leck mich am Auspuff«) sind dankenswerterweise etwas im Rückzug. Aber offenbar sind sie deshalb überflüssig, weil man seine Mitmenschen elektronisch noch besser anrülpsen kann. Jedenfalls empfehle ich in diesem Sinne für alle Schüler, Lehrer, Beamten, Regierungsmitglieder und sonstige mit Menschen zu tun habende Personen zwei Pflichtstunden pro Woche im Benimmkurs bei Elmayer.

Freiheit gehört zu jenen Worten, die alle für sich in Anspruch nehmen. Beethoven könnte ein Lied davon singen, wurde und wird seine Freiheitsoper *Fidelio* doch von jedem Regime zu jedem denkbaren und undenkbaren Anlass zum Zwecke der Selbstlegitimation aufgeführt.

Freiheit ist eine sich im Wandel erneuernde Idee. Sie ist ein zentrales Bestreben in der Menschheitsgeschichte. Durch die Freiheit, sie auf unterschiedlichste Weise zu deuten, erfährt aber gerade sie das Aufoktroyieren von Unfreiheiten. So war die griechisch-römische Libertas ein ausschließliches Gut für Privilegierte, denen unfreie Sklaven oder unterworfene »Barbaren« zu Diensten standen. Das Volk Israel thematisierte sie, trotz Sklavenhaltung, als politisches Grundrecht für alle zum Volk Dazugehörigen. Die Christen hingegen verinnerlichten die Freiheit in einem stoisch-hellenistischen Sinn als innere Befreiung von äußeren Zwängen, gegen die man sich nicht zur Wehr zu setzen hatte. Unser moderner Freiheitsbegriff befreit den Menschen als Kind der Aufklärung von althergebrachten Vorurteilen und Dogmen. Leben, Freiheit und Eigentum sind wie die Meinungsfreiheit unveräußerliche Bürgerrechte, für die es sich zu kämpfen lohnt.

Doch wie schon Goethe bemerkte, ist niemand mehr Sklave als der, der sich für frei hält, ohne es zu sein, und zwar aus Angst vor der Freiheit. Denn wenn der sich vor Selbstverantwortung fürchtende Mensch ins Autoritäre, ins Destruktive und ins Konformistische flieht, dann hat die Freiheit, dies zu tun, das genaue Gegenteil von dem erreicht, wofür unsere Vorfahren sie einst mit ihrem Blut erkämpft haben.

Was ich unter Freiheit verstehe

Mein verstorbener Freund Carl Djerassi, der ungern »Vater der Pille« genannt wurde, hat die Frauen befreit. Ja, was denn sonst? Es ist doch ein ungeheurer Fortschritt, dass junge Frauen jetzt selbst entscheiden, ob sie schwanger werden. Andererseits ist seit der Pille Verantwortung für den Mann kein Thema mehr: Die Frau soll sich selbst vorsehen, und das ist ein sehr hoher Preis. Ich meine, Frauen sollen die Freiheit, die ihnen die Pille gibt, genießen. Aber die Männer müssen lernen, dass die Freiheit dort endet, wo die Freiheit des anderen beginnt. Die Pille ist ein Segen, wenn die Frauen durch sie gelernt haben, über ihre Verfügbarkeit frei zu entscheiden.

Überhaupt, Freiheit erfordert Verantwortung, sonst mündet sie in Chaos, und dann kommt einer und stellt die Ordnung gewaltsam wieder her. Sogar wir erleben gerade den Gegenschlag: die totale, dumme Reglementierung. Jeder soll sein Recht auf einen rauchfreien Raum im Restaurant haben. Aber Raucher sind ab sofort von den Grundrechten ausgeschlossen? Als ich ein Teenager war, haben die Nazis verordnet: »Die deutsche Frau raucht nicht!« Die Folge war, dass jedes Mädchen, das etwas auf sich hielt, zu rauchen begonnen hat. Ich auch, und ich habe leider viele Jahre damit nicht aufgehört. Ich fürchte sehr, wir züchten gerade die nächste Generation von Kettenrauchern.

Wie so vieles haben wir den »Fortschritt« der Selbstbedienung den Amerikanern zu verdanken. Begonnen hat es inmitten des Ersten Weltkrieges im September 1916 in Memphis, Tennessee mit einem Greißlerladen, dessen Drehkreuze am Eingang, Einkaufswägen, Gänge mit Regalen, in denen die Produkte verkaufsoptimierend angeboten wurden, und knapp bemessenes Personal die Welt des Dienstleistungsgewerbes revolutionierten.

Die der Erfolgsstory zugrunde liegende Philosophie ist jener des Selfmademans nicht unähnlich. Erfolg durch Arbeit als Teil einer amerikanischen Grundgesinnung ermöglichte, dass man das Sich-selbst-Dienen gegenüber dem Sich-bedienen-Lassen zur Tugend erheben konnte.

Der Begriff des »American Dream« brachte inmitten der bis dahin größten Rezession der Geschichte zum Ausdruck, weshalb es wirtschaftlich sinnvoll ist, sich an amerikanischen Werten wie individuelle Freiheit, Eigenverantwortung, Wettkampf und Chancengleichheit zu orientieren. Selbstbedienung wurde zu einer Ausdrucksform des American Way of Life. Überspitzt formuliert kann man sagen, dass während Deutschland die menschenverachtende SA und SS ins Leben rief, die USA die auf Profitmaximierung ausgerichtete SB (Selbstbedienung) aus der Taufe hob.

Dass mit der Selbstbedienung nicht nur der sich selbst bedienende Konsument, sondern ebenso der sich selbst bedienende Unternehmer gemeint sein kann, wird heute gerne vergessen. Selbstbedienung in Form von selbstbewilligten Bonis in den Chefetagen gehört zu den weniger erfreulichen Auswirkungen unseres Wirtschaftssystems.

Die Kundenfreunde von der Bank

Oft kommt man spät drauf, wie sehr man vom Glück begünstigt ist und was einem erspart bleibt, wenn man in seiner Bankfiliale einen hilfsbereiten Betreuer hat. Darum konnte es mir passieren, dass ich vergangene Woche in einer Bank in Linz zum ersten Mal zwecks Geldüberweisung mit einem SB-Gerät konfrontiert wurde. Das ist die neue, als besonders kundenfreundlich angepriesene Kontoauszugsdruckerüberweisungsmaschine.

Vor mir standen vier Kunden. Der erste, ein junger Mann, erledigte seine drei Überweisungen binnen vier Minuten. Der zweite hatte nur zwei Überweisungen, aber beim Eintippen der Zahlen Schwierigkeiten. Der Bankbeamte, der das Ganze früher binnen zehn Sekunden mit dem Stempel erledigt hat, half ihm. Und nach sieben Minuten kam dann auch der dritte Wartende mit seinen elf Überweisungen zum Zug – von denen er allerdings zwei dreimal wiederholen musste, wegen eines Lesefehlers der Maschine. Nach also 19 Minuten Wartezeit und mit einer ungeduldigen Warteschlange im Rücken stand ich vor der Maschine und vertippte mich natürlich sofort. Da bekam ich plötzlich einen ungeheuren, gar nicht ladyliken Brüllzorneswutanfall. Wer mich kennt, weiß, was das heißt. Dann erledigte sich alles sehr schnell, und am Ende waren der herbeigeeilte Filialleiter, alle Anwesenden und auch ich froh, dass mich nicht der Schlag getroffen hat.

Wenn man an seinen eigenen Lügen zu ersticken droht, ist es höchste Zeit, etwas dagegen zu unternehmen. So wie Luftmangel zum Tod führen kann, kann auch eine mangelhafte Zufuhr der für eine Demokratie kulturell erforderlichen Werte zu deren Niedergang beitragen. In Goethes *West-östlichem Divan* heißt es: »Im Atemholen sind zweierlei Gnaden: Die Luft einziehn, sich ihrer entladen. Jenes bedrängt, dieses erfrischt; So wunderbar ist das Leben gemischt.«

Und dennoch oder gerade trotzdem gehören Verfall und Untergang in letzter Konsequenz zum Kreislauf des Seins. Womit wir bei den »Werten« wären, die je nach Bewertung aufge-, abge- und entwertet werden können.

Die USA, befürchte ich, befinden sich auf dem unglückseligen Weg der Abwertung. Das Land der unbegrenzten Möglichkeiten ist heute drauf und dran, sich durch selbst auferlegte Abgrenzung in eine geistig-kulturelle Begrenztheit zu begeben, deren Auswirkungen der Welt berechtigten Anlass zur Sorge geben. Denn wenn eine einst offene Weltmacht in der Beschwörung von Abschottung ihr Heil sucht, dann zerstört sie all das, wofür sie einst stand und respektiert wurde.

»America first« ist der Spruch eines Mannes, der das christlich geformte Amerika in eine narzisstische Wertegemeinschaft umformen möchte. Wenn Martin Luther Kings prophetische Worte »I have a dream!« durch den Sager »Ich werde eine große Mauer bauen – und niemand baut Mauern besser als ich« mit mehrheitlicher politischer Unterstützung der amerikanischen Wähler beiseitegeschoben werden, dann ist es legitim, wenn internationale Frühwarnsysteme Alarm schlagen.

Klimaschock durch Werteverlust

Während ich diese Zeilen schreibe, es ist der 5. November, weiß ich noch nicht, was für Sie, liebe Leser, bereits ein unumstößliches Faktum ist: den Ausgang des hasserfüllten Freistilringens und der clownesken Schlammschlacht um die Präsidentschaft der Vereinigten Staaten.

Aber etwas weiß ich heute schon mit Sicherheit: dass dieser üble, vergiftete Kampf – ausgeschlachtet vom Fernsehen in allen Wohnzimmern des Landes mit Rekordeinschaltquoten – für den Gewinner nur einen Pyrrhussieg bringen kann in einem atmosphärenverseuchten, gespaltenen Land. Was ist da plötzlich geschehen?

Wo ist das Land hingekommen, das für die gelebten Gedanken der Aufklärung ein Spiegel war; das Land der unbegrenzten Möglichkeiten, das Europa nach dem Zweiten Weltkrieg großzügig wieder auf die Beine geholfen hat; und vor allem das Land, das uns einst das politische Beispiel gab für eine Gemeinsamkeit in der Vielfalt, für die Hoffnungsvision Europa?

Es ist jetzt Winter und kalt, und es kann noch kälter werden. Man muss sich jetzt warm anziehen, dass man nicht zu sehr friert. Und warten und hoffen auf den nächsten Frühling.

Obwohl ich selbst keine Kinder habe, haben mich Kinder zeitlebens interessiert. Das kann mit meiner nicht ganz gelungenen Kindheit zu tun haben, sind doch Kindheitserfahrungen Lebenserfahrungen, die tief in einem weiterwirken.

Mir war es immer ein Anliegen, Kindern aktiv zuzuhören, um deren Vertrauen und Sympathie zu gewinnen. Erwachsene, ob Eltern oder nicht, neigen ja leider eher dazu, über sich selbst zu reden, was bei Kindern das genaue Gegenteil bewirkt.

Aber das ändert nichts daran, dass Kinder und Jugendliche sich nach Vorbildern sehnen. Kaum ein Wesen ist am Beginn seines Daseins so schutzbedürftig wie der Mensch. Das führt, wie uns Erwin Ringel aufzeigte, zu kindlichen Abhängigkeitsverhältnissen archaischen Ausmaßes, wenn Eltern dem Kind aus dieser Schutzbedürftigkeit das Recht auf Eigenexistenz vorenthalten. Ein in unserer Kultur folgenschwerer Fehler, sind doch auch Kinder vollkommene Menschen, die in ihrer Vollkommenheit mit Liebe zu respektieren sind.

Leider ist die Realität weltweit, so auch in Österreich, eine andere. Die Statistiken dazu sind derart erschreckend, dass sie meine Vorstellungskraft aufs Äußerste fordern. Oder bin ich im Alter überempfindlich geworden, wenn ich lese, dass 80 Prozent der auf kommerziellen Pornofotos abgebildeten Kinder jünger als zehn Jahre sind?

Es gibt ohne Zweifel viele gegenteilige Beispiele für Kinder, die in Liebe konsequent und doch frei gefördert werden, aber umso mehr dürfen wir nicht jene vergessen, die in ihrer Lebensentfaltung behindert, gequält und alleingelassen bleiben.

Und wo bleibt der Respekt?

Immer wieder liest man von gewalttätigen Jugendlichen – oft 13-, 14-jährigen – und fragt sich: Was ist los mit diesen Kindern, die doch so viele Freiheiten genießen wie keine Generation vor ihnen? Auf diese Frage suchen wir vergeblich bei den Jungen eine Antwort – und finden sie nur bei uns, den Erwachsenen. Schlechte Beispiele verderben nicht nur gute Sitten, sondern lassen sie erst gar nicht zu. Was können wir von Jungen erwarten, wenn ihnen, wie in den letzten Wochen, von uns vorgeführt wird, wie niederträchtig man miteinander umgehen muss?

Was erwarten wir von Brutalo-Krimis im staatlichen Fernsehen, die regelmäßig Anleitungen zum Abstechen von Kontrahenten liefern? Oder, wie neulich, von einem Pornokrimi mit visuellen und verbalen Anregungen zum Beschimpfen und Beleidigen für fantasievolle Teenager? Wir Erwachsenen sind es, die die Würde und den Respekt immer wieder einem verantwortungslosen Freiheitsbegriff opfern. Haben vor allem jene, die in der Öffentlichkeit wirken, total vergessen, dass wir von den Jungen als Vorbild wahrgenommen werden? Was können wir erwarten, wenn wir nur mehr Headlines und Rekordeinschaltquoten im Kopf haben? Eine Hirnentlüftung wäre dringend nötig.

Nur wer etwas wahrlich liebt, macht sich die Mühe, es auch wahrhaftig zu kritisieren. Doch das versteht der Österreicher nicht. Für ihn ist auch der liebevollste Tadel nichts weiter als Nestbeschmutzung.

Der Tatbestand des »Ins-eigene-Nest-Scheißen« ist seit dem Spätmittelalter belegt, was aber nicht heißt, dass es das bei uns nicht schon zuvor gegeben hat. »Scheiß di net an!« ist im schönen Wien auch heute noch eine oft zu hörende Redewendung, die für manche zum unverwechselbaren Charme der Stadt gehört.

Doch Spaß beiseite: Der Nestbeschmutzer unserer Tage kam zu Beginn des 20. Jahrhunderts im Vielvölkergemisch auf, als die Monarchie im Untergehen begriffen war und man diesen Untergang nicht wahrhaben wollte. Seither werden im theaternärrischen Österreich Kritiker mit Vaterlandsverrätern gleichgesetzt – was niemand so meisterhaft zu instrumentalisieren wusste wie die Nazis.

Aus deren Geist beziehungsweise Ungeist entsprang vieles, womit wir bis heute zu kämpfen haben. Die spürbare politische Spaltung in unserem Land ist eine der Folgen, die wiederum in das nicht enden wollende assoziative Stigmatisieren des politischen Gegners mündet. Einsicht bietet in unserer Gesellschaft keine positiven Aussichten, wodurch das Verdrängen ein lebenserhaltender Schutzmechanismus wurde, um die Mitschuld an der selbstverschuldeten Unmündigkeit nicht eingestehen zu müssen.

Monarchische Spätfolgen

Die sogenannten Zugreisten können oft nicht verstehen, warum und wieso in unserem Wohlstand so viel gejammert und geraunzt wird, und fragen sich, wo eigentlich die Wurzeln der so typisch wienerisch-österreichischen Charaktereigenschaft, dieser Mischung von Größenwahn und Minderwertigkeitskomplex, zu finden sind. Und zwar immer und überall und auch unabhängig vom gesellschaftlichen Status.

Es waren wohl die 650 Jahre Habsburg mit dem Vielvölkerstaat, die diesen Charakter geprägt und daraus die damals überlebensnotwendige gemeinsame dialektische Untertanenkompromisskultur entwickelt haben. Dass die Folgen dieser anachronistischen gezüchteten Mentalität in unserer kleinen Republik vor allem im öffentlichen Leben immer noch spürbar sind, ist fatal. Denn es sind: der Mangel an realistischem Selbstwertgefühl, am objektiven Urteilsvermögen, an Verantwortungs- und Entscheidungsmut und, last but not least, am Erkennen eigener Unzulänglichkeit und deren Konsequenz.

Ein jegliches, sagt schon Salomo, hat eben seine Zeit und jedes Vorhaben unter dem Himmel seine Stunde. Und der hat ja bekanntlich immer recht.

»Was du bist, bist du nur durch Verträge«, mahnt der Riese Fasolt den Göttervater Wotan in Richard Wagners *Rheingold*, als er merkt, dass dieser den zwischen ihnen geschlossenen Vertrag über den Bau der Burg Walhall brechen möchte. Der in die Götterdämmerung führende Vertragsbruch sollte uns zu denken geben, wenn wir heute allerorts mit dem politischen Leichtsinn im Umgang mit Verträgen konfrontiert werden. Wer so handelt, muss sich die Frage Fasolts an Wotan gefallen lassen, ob denn »des beratenen Bundes Runen« für ihn nichts weiter als Spiel wären und wohin so ein »Spiel« führen kann. Dies müssten gerade wir Österreicher anhand des Untergangs der Ersten Republik wissen.

Doch zwischen den Gipfeln des Wissens und Begreifens liegt bekanntlich das Tal des (Selbst-)Betrugs. Wer gesteht schon freiwillig ein, dass er durch das willkürliche Brechen von Verträgen nichts anders als ein Verbrecher wäre?

Verträge sind die Basis dessen, woran Demokratien glauben. Durch die rechtlich vereinbarten Rechte und Pflichten wird persönlicher sowie staatlicher Willkür vorgebeugt, um ein geordnetes Zusammenleben zu ermöglichen.

Und dennoch wissen wir, dass die Haltbarkeit aller Verträge zwischen Großstaaten eine bedingte ist, da keine große Nation bereit ist, ihr Bestehen auf dem Altar der Vertragstreue zu opfern.

Den Spagat zwischen Vertrags- und Bündnistreue unter Vertragspartnern zu schaffen, ist die Voraussetzung eines gedeihlichen Miteinanders in einer globalisierten Welt. Denn was wir sind, sind wir durch die Art und Weise, in der wir mit unseren Verträgen umgehen.

Verteidiger des Abendlandes

Rückblickend muss man feststellen, dass Trumps Diktum »America first« die brüchige Kette, die seit 1987, dem Jahr der Abrüstungsvereinbarungen, die westliche Welt noch zusammenhält, gesprengt hat. Seither demonstriert der mächtigste Mann der Welt als Vorbild nahezu täglich, dass das Brechen von Verträgen, Garantien, Ab- und Ansagen als legitim sanktioniert ist. Und während die Atommächte die Abrüstungsdebatte wieder zum Leben erweckt haben, schauen die UNO und die EU hilflos zu, wie ein Mitglied nach dem anderen gleichzeitig ihre Gelder einsteckt und einen Vertrag nach dem anderen bricht, während die Beamten der Institutionen mit Marginalien wie dem Verbot der ach so wichtigen Stanitzeln aus Zeitungspapier beim Verkauf von Chips und Maroni beschäftigt werden.

Und wir in Österreich, einem der vier Weltländer mit UNO-Sitz – was machen wir? Bis gestern arbeiteten wir vereinbarungsgemäß brav bei den Vorbereitungen für einen dringend notwendigen weltweiten Migrationspakt mit. Aber heute haben wir's eben anders beschlossen, schließen uns bedenkenlos seinen Gegnern an. Bedenkenlos und immer unter dem Aspekt der Verteidigung der christlichen abendländischen Kultur. Pfui Teufel!

Wutbürger wehren sich gegen den Wandel, der sie in Weltbürger verwandeln möchte. Die Skepsis ist nicht unbegründet, doch seltsamerweise entgleiten dem vermeintlich konservativ-gediegenen Bürger in der Wut die Werte des von ihm angeblich verteidigten Bürgertums. Die nackte Wut entblößt und zeigt den Menschen hinter der bürgerlichen Fassade, wodurch das in jedem von uns Lauernde zum Vorschein kommt. Freiheit, Gleichheit, Brüderlichkeit weichen schnell dem Zorn, was die Selbstkontrolle des Menschen im Strudel der Gefühlswallungen spiralförmig nach unten ziehen kann.

Dass aber dieser Wut mitunter ernst zu nehmende Argumente zugrunde liegen, darf nicht bagatellisiert werden. Es wird viel zu häufig alles und jedes, ob Umweltschutz, demokratische Erneuerung, Frauenrechte, Kriminalität, Zuwanderung und dergleichen, unreflektiert in parteipolitische Töpfe geworfen, um den daraus zubereiteten Einheitsbrei als schmackhafte Gesellschaftspolitik zu servieren. Dass der über solch politischen »Fraß« entspringende Unmut von Meistern menschlicher Manipulation für eigene Zwecke genutzt werden kann, wird dabei auf verhängnisvolle Weise vergessen.

Lasst uns daher, wie uns schon der alte Aristoteles lehrte, auf das zu Berichtigende »im richtigen Maß, zur rechten Zeit, zum rechten Zweck und auf richtige Weise« wütend sein, um mit dem dabei abgelassenen Dampf nicht nur unsere Gesundheit zu schonen, sondern die Weltlokomotive in eine bessere Welt voranzutreiben, in der unsere Wut zu einem demokratiepolitischen Mut mutiert.

Rezept für Wutbürger

Jahrelang hat der geduldige Bürger seiner Regierung dabei zugeschaut, wie deren Protagonisten, statt das Land zu regieren, ihre gegenseitige Antipathie genussvoll auslebten. Endlich erschien ein neues, unabgenütztes Gesicht, ein neuer Kanzler, der mit ungewohnt geraden Sätzen seine Vorhaben darlegte. Aber bevor der gequälte Bürger noch Zeit zum Ausatmen hatte, ist es bei der letzten Rechnungshofwahl unsichtbaren Kräften gelungen, den neuen Kanzler ruinös zu demütigen, indem dieser kommentarlos seinen eigenen Kandidaten, den mehrheitlich anerkannten Besten, in die Wüste schickte. Welcher Deal ihn dazu veranlasste, wurde nicht verlautet. Und nun wird dem Bürger noch der Bericht über die Präsidentenwahl präsentiert, mit den diversen eigenmächtigen Gesetzesauslegungen der Amtsträger bis hinauf ins Innenministerium.

Angesichts dieser Umstände muss der brave, sich mühsam durch den Verordnungsdschungel kämpfende Bürger erkennen, dass er ein Trottel und missbrauchtes Stimmvieh ist. Die Monarchie hat man einst als Absolutismus, gemildert durch Schlamperei, bezeichnet. Das republikanische Pendant ist offenbar Verschlampung, verschärft durch Demokratie.

VI Die Eitelkeit der Frauen ist fast so groß wie die der Männer

… und wieder
Flohmarkt, 2015

Eitelkeit ist des Teufels liebste Sünd. Und ich kann es ihm, dem Zampano des Bösen, nicht verübeln, gehört doch die tagtäglich unter seiner Regie zur Aufführung gebrachte Komödie der Eitelkeiten zum Besten, was das Welttheater zu bieten hat.

Ja, Eitelkeit kann mit ihrem von Gott auf das Selbst abschweifenden Blick nur des Teufels sein, vor allem wenn sie mit zur Schau gestellter Tugend auf ihr eigenes Fehlen hinweist.

Auch liegt der Eitelkeit eine teuflisch ambivalente Frage zugrunde: Was bin ich mir wert? Selbst- und Fremdbild stimmen nur bei jedem Zweiten überein – 35 Prozent tendieren durch Selbstminimierung in die verunsicherten Tiefen der Minderwertigkeit, der mehrheitliche Rest durch Selbsterhöhung auf den selbstbefriedigenden Olymp des Narzissmus. Zum Nachteil der Persönlichkeitsentwicklung vieler ist der »gesunde« Brennpunkt von Selbstlosigkeit und Egoismus nicht leicht zu finden, wodurch das fürs Ich erstrebenswerte Normale im Dschungelcamp unserer Psyche oftmals verloren geht.

Aber wer kann sich heute schon den Luxus, normal zu sein, leisten, wenn unsere quotengeile Leistungsgesellschaft sich unersättlich nach nicht normalem Außergewöhnlichem sehnt? Ist nicht das oft ins Unermessliche gesteigerte Ego die treibende Kraft des Erfolgs?

Wenn wir ehrlich sind, gäbe es ohne des Teufels liebste Sünd unsere in allen Bereichen wachsende Erfolgswelt nicht, und wir würden vermutlich noch in dichten Baumkronen sitzen und auf all das unter uns Lebende eitel hinabblicken.

Enfant terrible und Botox-Teens

Das Problem des Älterwerdens ist nicht, dass man alt wird, sondern dass man jung bleiben will. Da greifen die Damen in den Botox- oder Silikontopf und martern sich durch Hungerexzesse, damit die Taille der 20-Jährigen erhalten bleibt. Ich bin gern und glücklich alt, und ich habe das durch meine Mutter gelernt, die eine wunderschöne Frau war, aber ab ihrem fünfzigsten Lebensjahr schwer unter dem Älterwerden gelitten hat. Damals habe ich mir selbst versprochen, dass mir das nicht passieren wird. Was die Männer anlangt, kann ich nur die große Marie von Ebner-Eschenbach zitieren: »Die Eitelkeit der Frauen ist fast so groß wie die der Männer.«

Und wirklich ist nichts trauriger als ein begabtes Enfant terrible der 60er-Jahre, das sich als weißhaariger Senior des Jahres 2015 immer noch in der Rolle des provozierenden Teenagers gefällt. Den Namen werden Sie nie erfahren, aber ich habe gerade selbst erlebt, wie ein solcher Zuspätachtundsechziger in seiner Dankesrede für eine Ehrung, die er schließlich freiwillig angenommen hat, rotzig auf gut 200 anwesende Sympathisanten losgegangen ist. In seinem Alter sollte man sich besser zu benehmen wissen.

Die kleine rosafarbene Lustpille Addyi hat nicht gehalten, was sie versprach. Viel mediales Lärmen um nichts, was die Frauen in ihrem Bestreben, die besseren Männer zu werden, wieder einmal gewaltig ins Weibliche zurückschlägt, während weltweit 64 Millionen Männer mithilfe von drei Milliarden Viagra-Tabletten anlässlich Viagras 20-jährigem Jubiläum fröhliche »Urständ« feiern.

Mir stach bei der Addyi-Pille sogleich die Farbe Rosa in die Augen. Nicht auszudenken, welche Auswirkungen es in unserer gegenderten Gesellschaft hätte, wenn sich herumspräche, dass Rosa über Jahrhunderte die Farbe für kleine Buben war. »Na hallo!«, höre ich meine Gendergenossinnen schon rufen, wo kommen wir denn hin, wenn die Männer jetzt auch Rosa für sich beanspruchen?

Womit ich beim nächsten Genderproblem wäre: dem männlichen Blau der Wunderpille, die jeder Frau vorweg klarmachen sollte, wer im Bett die Hose anhat. Doch – und jetzt wird die Historie für jede Emanze wirklich unerträglich – wird mit einem Mal behauptet, dass Blau bis zur Mitte des letzten Jahrhunderts die Farbe für kleine Mädchen war, die ihnen von den bösen Buben weggerissen wurde.

Und wenn man mir sagt, dass das *Ladies Home Journal* im Jahre 1918 die Meinung vertrat, dass »Rosa als eine entschlossenere und kräftigere Farbe besser zu Jungen passt, während Blau, weil es delikater und anmutiger ist, bei Mädchen hübscher aussieht«, dann frage ich mich, ob die in der Farbenwahrnehmung enthaltene Genderproblematik vielleicht auch umgekehrt hätte kommen können. Denn wenn ja, dann sind vermutlich auch daran die Männer schuld!

Plädoyer für die Lust ohne Pille

Bei Goethe gibt es immer ein passendes Zitat. Zum Beispiel das: »Und wie wir's dann zuletzt so herrlich weit gebracht.« Nun also steht einem kurzen, aber vollkommenen Schlafzimmerglück nichts mehr im Wege. Nachdem sich die Männer schon eine ganze Weile mit der Viagra-Pille jederzeit ohne Anstrengung ein befriedigendes Liebensgefühl erzeugen konnten, haben die benachteiligten Frauen endlich mit der Addyi-Lustpille für Damen die Erfüllung ihres Gleichberechtigungsanspruches erreicht. Es wäre interessant zu erfahren, was Sensationelles passiert, wenn es ein Pillenschlucker mit dem anderen treibt.

Mich hat die Zeit, in der ich lebe, mit ihren großartigen Möglichkeiten, die Welt für die Menschen zu verbessern, lebenslang fasziniert. Aber auch Angst hat sie mir gemacht, weil alles immer selbstverständlicher und natürlich gratis erwartet wird. Aus meiner Nachkriegsjugendzeit weiß ich nämlich, dass für alles Erreichte irgendwann bezahlt werden muss. Ob die Rechnung aufgeht, liegt nur bei einem selbst. Was nun die monatlich 400 Dollar teure Addyi-Pille anlangt, denke ich, dass dafür nicht nur der Geldpreis zu hoch ist. Darum empfehle ich meinen emanzipierten Geschlechtsgenossinnen, auf bequeme Lust zu verzichten und zu der alten, wenn auch strapaziöseren Methode zurückzukehren. Sie ist bekanntlich variations- und facettenreicher und außerdem auch billiger.

Migration und Integration sind die politischen Hauptthemen unserer Tage. Es gibt einerseits die These, dass sich der dauerhafte Ortswechsel von Menschen wie ein roter Faden durch die Geschichte zieht, andererseits die Gegenthese, dass die Wandernden wandern, um andernorts ansässig zu werden und körperliche Sicherheit sowie soziale Besserstellung zu erlangen.

Nach dem Kampf der Geschlechter, der aufgrund der Gesetzgebung in unserem Rechtsstaat schon längst beigelegt sein müsste, folgt jetzt ein Kampf der Kulturen und Religionen, den wir eigentlich schon überwunden geglaubt hatten. Indes sollten wir uns darüber gar nicht wundern, ist doch schon ein mit niederösterreichischem Kennzeichen in der Wiener Innenstadt Fahrender beim geringsten Anlass den schmählichen Beschimpfungen eines Wiener Durchschnittsbürgers ausgesetzt – ein Beispiel von vielen, wie wir Österreicher die Kunst »verfreundeter« Nachbarschaft pflegen.

Da ist es leicht nachvollziehbar, dass solche tagespolitischen Motive eine künstlerische Umsetzung erfahren. Und so findet man kaum ein Theater, das diese Themen mittels Spielplangestaltung nicht in die Kunstarena bringt, um sie im öffentlichen Gewissen zu verankern und individuelles Bewusstsein zu schaffen. Eine edle Absicht, die durch mantrahaft aufdringlich-demonstratives Hinweisen leider auch den gegenteiligen Effekt hervorrufen kann. Eine in ihrer Kontraproduktivität erstaunlich produktive Methodik, welche Diktaturen kurz vor ihrem Niedergang am vorbildlichsten zur Schau stellen.

Strategien gegen unpassende Kerle

Die Tochter bringt einen schrecklichen Kerl ins Haus. Absolut unpassend, eine Katastrophe, darüber ist sich die Familie einig. Was jetzt? Brave Kinder, die sich ihren Umgang verbieten lassen, gibt es heute nicht mehr, Gott sei Dank. Also wäre die einzige Folge, dass sie dem Kerl erst recht verfällt. Grillparzer hat die Liebe so auf den Punkt gebracht: »Das Mal an ihrem Hals wird dir zum Reiz,/ein Fehler ihrer Zunge scheint Musik.« Handelt es sich um einen ersichtlichen Gauner, sodass akute Einbruchsgefahr besteht, so kann man vorsichtige Lenkungsversuche unternehmen: etwa der Tochter vorschlagen, sich selbst etwas näher mit den Umständen des Erwählten zu befassen.

Anders sieht es mit einem Partner aus einem anderen Kulturkreis aus: Scheitern diese Ehen nicht noch öfter? Hier nützt mit Glück, die Tochter zum Nachdenken zu bringen. Es sind ja nicht alle Dinge des Lebens mittels Knopfdruck auf dem iPhone zu lösen. Wenn sie aber entschlossen ist, hat man sich nicht mehr einzumischen. Auch ich habe mein ganzes Leben lang Dinge getan, die keiner verstanden hat. Und wenn sich jemand diese Kultur wirklich zu eigen macht, nach reiflicher Überlegung in eine andere Welt eintauchen will: Dann müssen wir diese geliebte Person loslassen, denn die Chancen stehen gut, dass sie glücklich wird.

Männer wie Frauen sind in Österreich vor dem Gesetz gleich. Leider aber auch im Alltag, was den Charakter betrifft. Da bleiben sich beide Geschlechter nichts schuldig.

So weit so gut, werden jetzt manche denken, wenn alles im Einklang ist – aber mir persönlich ist diese einheitliche Einfärbung zu wenig. Wie langweilig, wenn die Differenzen zwischen Mann und Frau dem Gemeinsamen geopfert werden. Alle denken gleich, tragen dasselbe Gewand, dieselben Frisuren, haben dieselben Vorlieben und Laster und beruflichen Ziele. Differenzen, die Differenzierung ermöglichen, ohne die es keine Unterschiede gäbe, um die Welt zu ordnen, gehören dann einer genderungerechten Vergangenheit an, in der Frauen noch Frauen und Männer noch Männer sein durften. Dank den mangelnden Kochkünsten vieler politischer Emanzen wurde so viel Gleichmacherei in den Topf der Vielfalt dazugerührt, dass nichts weiter als ein in seiner Eintönigkeit ungenießbarer Einheitsbrei angeboten werden kann.

Ich persönlich weigere mich, solche Gerichte zu kochen oder zu essen. Denn wie jeder gute Koch weiß, sind es erst die differenzierenden Ingredienzen, die einem Gericht geschmackliche Spannung verleihen. Das für mich daran Merkwürdige ist, dass die Emanzipationsköche sich dessen ohnehin bewusst sind, uns aber dennoch ihren Einheitsbrei zum Fraß vorsetzen.

Wenn der Weisheit letzter Schluss die bis in Ewigkeit eingeforderte Gleichstellung ist, dann haben die heute gesetzlich gleichgestellten Emanzen eine andere Vorstellung von »Gleichheit« als die für Emanzipation sich einsetzenden Menschen zu meiner Zeit.

Genderterror und Machogewalt

Nein, bitte, dafür sind wir jüngeren, aufmüpfigen Frauen nicht nach dem Krieg in den 40er-Jahren für Selbstbestimmung und Selbstverantwortung Spießruten gelaufen, dass jetzt eine Lobby von Minderwertigkeitskomplexlerinnen eine Gendercorrectnessterrordiktatur installiert! Da werden Millionen angelieferter Lenkerstrafmandatsverfügungen vernichtet, weil auf den Zetteln nur »Fahrzeuglenker« steht. Mit dem Wohlwollen der Frau Minister Heinisch-Hosek werden Millionen neue gedruckt. Auf diese Art wird das Steuergeld zum Fenster hinausgeworfen. Da wird gefordert, dass ein Test zur Aufnahme von Medizinstudenten an die Uni zum zweiten Mal überarbeitet wird, da die Damen beim letzten 30 Punkte schlechter als die Männer abgeschnitten haben. Ebenfalls ein ganz persönliches Anliegen, diesmal von Frau Minister Oberhauser.

Wehe aber dem Normalbürger, der Wunschauswüchse wie das leserfeindliche Binnen-I oder Rauch-Kallats Töchter/Söhne in der Bundeshymne nicht nur grauslich, sondern einfach dümmlich und daher letztlich kontraproduktiv findet. Dieser Bürger kann dann erleben, wie er nach alter Macho-Methode diffamiert, mundtot gemacht und in Angst versetzt wird, bis er aus Angst mundtot gemacht ist. Spätestens hier ist der Punkt erreicht, wo Schluss mit lustig sein muss.

Obwohl der umgangssprachliche Seitensprung seit den sexuell befreienden 60er-Jahren nicht mehr als sittlichkeitsverstoßende Unzucht gilt, wird er nach wie vor mit Ehebruch in Zusammenhang gebracht. Ein Beispiel von vielen, wie komplex zwischenmenschliche Beziehungen sein können. Das hat sich in den letzten Jahren sogar gesteigert, wird heute doch eine Vielzahl von Formen des Zusammenlebens vom Staat anerkannt. Ehen, eingetragene Partnerschaften und ehe-ähnliche Gemeinschaften als verrechtlichte Form der »Wilden Ehe« stehen allen mündigen Bürgern in einem noch nie dagewesenen Spektrum offen, bis hin zur rechtlich nicht abgesicherten festen Liebesbeziehung. Ein begrüßenswerter sozialer Fortschritt, der trotz seiner Fortschrittlichkeit ein durch kein Gesetz zu überwindendes Risiko aufweist: die schmerzhafte Enttäuschung, wenn man vom geliebten Menschen betrogen wird.

Nüchtern betrachtet ist das Leben in seinen Grundzügen eine Wanderung zwischen Liebe und Treuebruch. Das eine bedingt das andere und erinnert uns, dass die Untreue jedem Treueschwur Patin steht. Ob sie als Untreue empfunden wird, hängt in nicht unerheblichem Maß von den Erwartungen der jeweiligen Partner ab.

Schwüre dürfen nicht zu Geschwüren führen, sondern müssen die in ihnen beinhaltete gute Absicht auch nach einem Treuebruch am Leben erhalten, ist ja die gute Absicht der wesentlichste Teil eines jeden Gelübdes. Wer das nicht halten kann oder halten will, hat in Wahrheit den größeren Treuebruch begangen.

Auch Seitensprünge haben in letzter Konsequenz mehr als eine Seite.

Wenn der Mann fremdgeht

Ich danke meinem Schicksal, dass ich nie in der Situation der betrogenen Frau war. Aber ich weiß, dass ich mich unendlich gekränkt hätte, und zwar im Stillen, denn ich habe immer die Freuden, nicht aber die Kümmernisse mit der Welt geteilt. Und dann hätte ich es wahrscheinlich verziehen. Pauschale Empfehlungen kann ich aber nicht abgeben. Wenn Kinder da sind, ist Verzeihen und Versöhnen das einzig Sinnvolle. Dem Recht des Kindes auf beide Eltern muss alles andere untergeordnet werden, und auch Beherrschung gehört zu den elterlichen Pflichten. Erst wenn das Zerwürfnis so weit geht, dass die Kinder es bemerken und darunter leiden, kann man an eine ruhige Trennung zu denken beginnen. Eine andere Theorie besagt, dass sich die betrogene Frau umgehend revanchieren soll. Das hat viel für sich, aber dazu muss man gemacht sein.

Man kann sich nicht einmal darauf verständigen, dass ein einmaliger Fehltritt verzeihlich, ein Wiederholungstäter aber vor die Tür zu setzen wäre. Ich hatte in meinem engsten Freundeskreis einen sehr berühmten Mann, der ununterbrochen fremdgegangen ist. Die Frau wusste darum, aber sie war mit ihrem Mann beruflich und privat in solchem Ausmaß verbandelt, dass sie es mit der Bemerkung »Er ist eben so« toleriert hat. Ich habe selten eine glänzendere Ehe erlebt.

»Gleich« ist ein nicht steigerbares Adjektiv. Gleich, gleicher, am gleichsten ist semantisch nicht möglich.

So weit zur Theorie. In der Praxis hingegen tut sich der Mensch etwas schwerer. »Alle Tiere sind gleich, aber manche sind gleicher«, heißt es in George Orwells Parabel *Animal Farm* und genauso ist es bei den Menschen auch. Als Kaiser Augustus im alten Rom vor demselben Problem stand, führte er den Begriff »primus inter pares« ein, um scheinhalber als »Erster unter Gleichen« als uneingeschränkter Herrscher seine devote Unterordnung unter die republikanischen Institutionen zu signalisieren. Seither ist dieser »Schmäh« einer Höherstellung trotz gleicher Rechte ein hilfreicher Dauerbrenner unter Machthabern vom Papst abwärts.

Wir haben es im Vergleich aller bisherigen Generationen in Sachen Freiheit und Gleichheit erstaunlich weit gebracht. Die Gleichheit vor dem Gesetz erscheint heute selbstverständlich, obwohl sie in meiner Jugend alles andere als selbstverständlich war. Die Chancengleichheit als Recht auf gleiche Aussichten für alle ist ein Meilenstein im Kampf für Menschenrechte sowie für das im Sozialstaat angestrebte Gleichheitsprinzip.

Das heißt nicht, dass alles in Butter wäre. Genau das Gegenteil ist der Fall, wenn es darum geht, dermaßen herzeigbare Errungenschaften auch für zukünftige Generationen zu erhalten.

Seien wir uns daher beim nimmersatten Fordern von immer mehr Leistungen, Berechtigungen und Gleichstellungen stets bewusst, welche Parameter zum Niedergang aller egalitären Gesellschaften führten, damit wir nicht dieselben Fehler begehen.

Anmerkungen einer Emanze

Emanzen: Ich weiß, wovon ich rede. Ich lebte schon vor 70 Jahren zum Entsetzen meiner Familie als Emanze. Ich war also schon emanzipiert, als die Rabiaten von heute noch nicht einmal konzipiert waren. Man erzähle mir also besser nichts von heutzutage unterdrückten, diskriminierten und wehrlosen Frauen in unserer Weltgegend. Wenn eine zielstrebig, arbeitsam, ausdauernd und halbwegs intelligent ist und weiß, was sie will, kann sie alles erreichen. Und natürlich weiß ich auch, dass es der Gewerkschaft, obwohl sie doch überall mitmischt, noch immer nicht gelungen ist, in der unteren Ebene der Beschäftigten generell gleichen Lohn für gleichwertige Arbeit von Männern und Frauen durchzusetzen. Das ist ein Skandal. Ich weiß, dass es da und dort überhaupt noch hapert.

Aber, meine Damen, glauben Sie mir: Männer quälen, Binnen-I-Diktatur, Macho-Manieren und dergleichen zum Ausleben von unzeitgemäßen Minderwertigkeitskomplexen sind völlig kontraproduktiv und daher dumm. Abgesehen davon, dass solche Komplexe geradezu lächerlich sind in einer Zeit, in der als wichtigster Staatsmann Europas eine gescheite, strebsame, hochgebildete Pfarrerstochter aus der Uckermark von Freund und Feind quotenfrei geachtet und akzeptiert wird.

Schuld haben immer die anderen! Und wenn nicht die anderen, dann die Umstände! Und wenn nicht die Umstände, dann mein Geschlecht oder dies oder das, aber mit Sicherheit nicht »ich«, denn »ich« bin ja das Opfer!

Österreich als Opfer ist uns allen bekannt. Manchmal hege ich den Verdacht, dass der Österreicher regelrecht um die Opferrolle kämpft, was in Anbetracht dessen, wie viele in diesem Land tatsächlich Opfer waren, eine besonders abstoßende Variante von Heuchelei ist. Aber vielleicht liegt in dieser Heuchelei auch einer der Gründe, weshalb Hilferufe hierzulande allzu gern überhört werden, geht man doch gar nicht davon aus, dass ein solcher ernst zu nehmen ist.

Österreich wäre nicht in der Barbarei des Dritten Reichs aufgegangen, wenn nicht dies Wegsehen und -hören als in unserer Kultur schon lange akzeptiert und von Generation zu Generation als gesellschaftlich vorteilhafte Verhaltensweise tradiert worden wäre. Die nach dem Krieg kolportierte Mär, Österreich sei Hitlers erstes Opfer gewesen, war eine Sternstunde dieser von Verlogenheit durchtränkten Gesellschaftspolitik, die unsere Glaubwürdigkeit im In- und Ausland bis heute in Frage stellen lässt. Da muss man zwangsläufig an die Fabel über den Hirtenjungen denken, der aus Langeweile so oft »Wolf!« schrie, bis die stets herangeeilten Bewohner des nahe liegenden Dorfs seine Hilferufe ausgerechnet dann nicht mehr ernst nahmen, als der Wolf tatsächlich vor ihm stand.

Vielleicht sollten sich unentwegt um Hilfe rufende Feministinnen diese Fabel zu Herzen nehmen, damit berechtigte Hilferufe auch in Zukunft noch ernst genommen werden.

Vorsicht beim Handkuss

Das Problem des korrekten Handkusses sollte noch vor Beginn der Ballsaison geklärt werden. Laut Benimmkodex hat dieser Kuss nur eine Andeutung zu sein und ein echter Lippenkuss auf die Hand der Dame wäre daher eine typische sexistische Belästigung. Darum sind derartige Vorfälle unbedingt der Allgemeinheit mitzuteilen. Sowohl als Warnung für Zukunftstäter als auch zur Bewusstseinserweiterung des wohltuenden Rachegefühls der Frauen, endlich die jahrhundertelange Macht- und Angsttyrannei der Männer mit deren eigener Methode heimzahlen zu können.

Nein, bitte: Für einen derartigen Umgang der Geschlechter miteinander sind wir aufmüpfigen Emanzen nach dem Krieg nicht gegen die groß- und kleinbürgerliche Spießerwelt Sturm gelaufen. Jetzt, da wir einen großen Teil unserer Ziele von damals erreicht haben, sollten wir auch genügend Selbstwert haben, um in den meisten nicht explizit kriminellen Fällen ohne Eigeninszenierung von Rachefeldzügen die spätpubertären, frechen Machos, die mit ihrer Libido nicht zurechtkommen, zur Räson zu bringen. Alle übrigen Männer mögen bleiben, wie sie sind, um mit uns weiterhin die glücklichsten Stunden unseres Lebens zu verbringen.

VII Jede gute Tat rächt sich

Als »Queen Mum«
mit gebrochenem Arm und
»Zivildiener-Security«,
Trabrennen 2018

Der drohende Ausruf »Jede gute Tat rächt sich!« ist eine irritierende Umkehrung dessen, wonach sich Gutes lohnt. Gut und tröstlich daran ist nur, dass sich Taten in der Tat nicht rächen können. Rache ist in all ihrer Süße allein dem Menschen vorbehalten.

Dass sich eine gute Tat rächt, bedeutet, Negatives für Positives zu erfahren. Auf gut Wienerisch: sich den Arsch für jemanden aufreißen, der einen dann bei erstbester Gelegenheit abserviert.

Undank ist und bleibt der Welten Lohn. Das gilt für alle Gesellschaftsschichten, sind doch die Menschen in ihrer existenziellen Nacktheit alle gleich. Gesellschaftlich Höherstehende tun sich mit dem Danken besonders schwer, würden doch Danksagungen ihren Weg zur Größe minutiös kartografieren. Da halten es viele lieber mit Goethe, der feststellte, dass sich eine wahrhafte Dankbarkeit ohnehin nicht mit Worten ausdrücken lässt. Aber auch den Nichtgroßen fällt ein fehlender Dank zumeist nur dann auf, wenn man ihnen und nicht sie einem anderen Dank schuldig sind. Auch der Unwille, sich bei Danksagungen geistig anstrengen zu müssen, um sich bewusst zu machen, wofür man sich bedankt, dürfte für die meisten schon Grund genug sein, den Abwertungssager »Was hat der schon so Besonderes geleistet?« vorzuziehen. Dank als höchste Form des Denkens gibt zu denken, was denn eigentlich Undankbarkeit ist.

Insofern müssen wir uns damit abfinden, dass sich gute wie böse Taten doch rächen können. Wenn sie es einmal nicht tun, umso schöner. Hauptsache ist, man lässt sich nicht unterkriegen und macht in aller Konsequenz das, was man für richtig hält.

Der Skandal von Traiskirchen

Als ich ein Kind war, also in den 30er-Jahren, kannte jeder die kleine Stadt Traiskirchen als Synonym für die Reifenfabrik Semperit: eine österreichische Erfolgsgeschichte. Als die Stadt dann während der Ungarn-Krise 1956 und im Prager Frühling 1968 ihre 1903 errichtete Kadettenkaserne spontan als Erstversorgungslager zur Verfügung stellte, gab es weltweites Lob für die Republik Österreich.

Jetzt aber sind die Flüchtlinge monatelang, einige sogar jahrelang dort. In eine für 480 Personen zugelassene Kaserne werden 1800 Personen gestopft. Und als endlich der Bürgermeister mit dem Skandal an die Öffentlichkeit tritt, wird seitens des Ministeriums auf einem requirierten Gemeindegrundstück eine Zeltkolonie aufgebaut. Die Koalitionsregierung ist offenbar nicht imstande, gegen sich querlegende Ortskaiser die Öffnung der vom Verteidigungsminister bereitgestellten Kasernen und Wohncontainer umgehend durchzusetzen. Aber eines ist unserer Regierung gelungen: den menschenfreundlichen Ruf, den sich Traiskirchen 1956 erworben hat, derart zu beschädigen, dass der gute Name der Stadt heute als Synonym für einen humanitären Skandal herhält. Da frage ich mich, ob der alte Rebbe vielleicht doch recht hatte, der resigniert feststellte: »Jede gute Tat rächt sich auf Erden.«

»Es kann manchmal sehr unrecht sein, ein Recht auszuüben«, sagte Marie von Ebner-Eschenbach, und ich kann ihr wieder einmal nur recht geben. Ich weiß aus eigener Erfahrung, was es heißt, wenn Recht zu Unrecht wird. Da kann man sogar das Parlament ausschalten, wenn politisch Fügsame mitspielen und sich etwas rechtlich Anwendbares dazu einfallen lassen. Oder man kann jungen Menschen den Abschluss ihrer begonnenen Lehrlingsausbildung aus rechtsstaatlichen Gründen untersagen, ohne mit der parteipolitischen Wimper zu zucken.

Das alldem zugrunde liegende Problem ist die Alternativlosigkeit zum Rechtsstaat, der sich deshalb in sakrosankter Sicherheit wiegt. Ein Notar sagte mir einmal, dass man spätestens dann das Recht hinter sich lassen würde, wenn man einen Gerichtssaal betritt. Ein hartes Wort, welchem ich bis heute nicht Glauben schenken möchte, obwohl mir meine Lebenserfahrung anderes rät, aber man bedenke nur, wie viele Menschen, Meinungen, Gesetzestexte und dergleichen mehr vonnöten sind, um nach Ausschöpfung aller Rechtsmöglichkeiten einen rechtskräftigen Rechtsspruch zu bewirken! Kaum zu glauben, dass eine solche Komplexität, mit all den hinzukommenden menschlichen Unzulänglichkeiten, funktioniert.

Die Unschuldsvermutung, wonach wir nicht schuldig sind, bis das Gegenteil bewiesen ist, ist eine nicht hoch genug zu preisende Errungenschaft unserer Kultur. Und dennoch weicht diese durch die allgegenwärtigen Medien immer öfter einer Vorverurteilungskultur, wo Geschwätz und nicht Recht zum »Urteil« führt. Spätestens dann ist es um das Recht und die Betroffenen geschehen.

Es wurde nur eine Existenz zerstört

Niemand wurde bestochen, niemand außer dem Betroffenen hat Schaden genommen. Es wurde nur eine Existenz zerstört, und keiner findet was daran. Das Schicksal des Direktors eines katholischen Privatgymnasiums empört mich: Ein hochbegabter Schüler hatte vor zwei Jahren einen Informatikkurs besucht, aber nicht offiziell belegt, weshalb er heuer in dem Fach, in dem er Ausgezeichnetes leistet, nicht zur Matura hätte antreten dürfen. Deshalb stellte ihm der Direktor ein Zeugnisduplikat aus, in dem die Teilnahme vermerkt war. Das ist nicht in Ordnung, ein Verweis des Stadtschulrats wäre durchaus angezeigt gewesen.

Dort aber kannte man keinen Pardon und leitete die Sache, im Grunde nichts als eine entgleiste Formalität, an die Staatsanwaltschaft weiter, weshalb sie zügig die Medien erreichte. Daraufhin gab es fast nichts, was dem Direktor nicht unterstellt wurde. Das Resultat beeindruckt: Die Karriere eines engagierten Pädagogen ist zerstört, der Mann liegt im Krankenhaus. Und ich frage mich, wo denn unser lächelnder und immer verbindlicher Kardinal bleibt. Schließlich geht es um eine katholische Schule, und ein wenig Nächstenliebe, wenigstens in Form einer freundlichen Wortmeldung, hat Gott der Herr den Seinen nicht untersagt.

Auf die Frage eines Journalisten, ob sie nach Heiligkeit strebe, antwortete Mutter Teresa mit der Gegenfrage: Und wonach streben Sie? Eine Antwort, die uns allen zu denken geben sollte.

Für Mutter Teresa war Heiligkeit laut eigener Angabe kein Luxus, sondern Notwendigkeit. Ihr Hunger und Durst danach bewahrten sie vor jener Mittelmäßigkeit, die keineswegs zum Ziel »ihres« Glaubens geführt hätte. Dass das Streben nach Heiligkeit ein mit Zäsuren und Neuanfängen gesäter Pfad durch die Wüste ist, war ihr ohne Zweifel klar. Zelte aufzuschlagen, um zu rasten, Zelte abzureißen, um den Weg wiederaufzunehmen, gehörte zu ihrem Alltag, der alles andere als ein leichter war.

Gott, an dem Mutter Teresa von Jugend an zweifelte, war Mittelpunkt ihres Lebens. Als solcher war er für sie permanenter Anlass, sich über die Ebenen des Materiellen und Geistigen zur höchsten Stufe der Erkenntnis zu erheben. In den profanen Worten Erich Kästners gab es für sie »nichts Gutes, außer man tut es!«

Doch birgt jede menschliche Tat Fehler in sich. Wer nichts tut, kann auch nicht irren. Und solche unvermeidlichen Irrtümer werden im digitalen Zeitalter in Windeseile verbreitet und dadurch einer Vielzahl Menschen bekannt. Das führt einerseits zu einer Inflation an Heiligsprechungen, lassen sich doch die früher oft Jahrhunderte dauernden Verfahren heute mit Knopfdruck erledigen, andererseits zu einer raschen Demontage des Bildes von Persönlichkeiten, die bis zu dieser für ihre Leistungen verehrt worden waren.

Und da Neid, laut Wilhelm Busch, die aufrichtigste Form der Anerkennung ist, wird das wohl bis in Ewigkeit so bleiben.

Unheilige Mutter Teresa?

In den Slums von Kalkutta, inmitten von unvorstellbarem Elend, hat sie den Siechenden zu trinken gegeben, deren Elend geteilt und erträglich gemacht. Auch konnte sie unzählige Kinder aus dem neunten Kreis der Hölle befreien und ihnen damit ein Leben an der Sonne schenken. Schon zu Lebzeiten hat man sie als Ikone verehrt, mit Preisen für ihre Gemeinschaft der Missionarinnen der Nächstenliebe bedacht, hat ihr den Nobelpreis verliehen und sie nun, rund 20 Jahre nach ihrem Tod, heiliggesprochen.

Nein, Ikone, Nobelpreisheilige heutzutage, das kann nicht sein, weil es nicht sein darf. Aber warum darf es nicht und weshalb? Wegen der unterlassenen Hygienevorschriften? Muss man wirklich erst am tiefsten Punkt der Verlassenheit angekommen sein, um zu begreifen, dass zum Ertragen des Elends nur noch ein barmherziger Mitmensch helfen kann? Und muss auch immer so bleiben, was Schiller so trefflich formuliert hat? »Es liebt die Welt, das Strahlende zu schwärzen und das Erhabene in den Staub zu ziehen.«

Der »Satz vom Widerspruch« besagt, dass zwei einander widersprechende Aussagen nicht zugleich zutreffen können. Was aber, wenn in einem Satz das Falsche zum Richtigen und das Richtige zum Falschen wird? Das unbezweifelbar Erkennbare in und durch sich selbst in dessen Gegenteil zu verwandeln, nennt man Lügner-Paradoxon.

Ohne Zweifel ist unsere Spezies wissbegierig und vernunftbegabt und sieht sich auch gerne so. In aller Unbescheidenheit nennen wir uns daher homo sapiens, »der verstehende Mensch«. Doch müssten wir uns streng genommen als homo sapiens et ambivalens bezeichnen: »der wissende und widersprüchliche Mensch«.

Ein Land, das binnen kürzester Zeit Mozart und Hitler hervorbrachte, wird das verstehen. Die conditio humana, die Umstände des Menschseins und seine Natur in Anbetracht dieser Gegensätze unter einen Hut zu bringen, ist eine Herausforderung und es bedarf einiger gedanklicher Auseinandersetzung. Ambivalenz-Erfahrungen sind Teil unserer psychischen Realität. Aber gerade die Mehrstimmigkeit gegensätzlicher Emotionen anzunehmen, hält uns laut Psychologen gesund. Wer zwei Seelen in seiner Brust gewaltsam durch Verdrängung in eine einzige verwandeln möchte, läuft Gefahr, psychisch zu erkranken.

Wer die in uns allen schlummernde Ambivalenz aus politischer Correctness stigmatisiert, tut so, als ob es eine Biografie bar jeglicher »Lebenslüge« gäbe. »Beklagenswert, der nicht sein Leben, sondern seine Autobiographie lebt«, sagt Arthur Schnitzler. Und um nichts weniger jene, die eine politisch korrekte Biografie dem gelebten Leben in all seinen Widersprüchlichkeiten vorziehen.

Fritz Heer zum 101. Geburtstag

Weder Zeitungen noch Radio noch TV haben davon Notiz genommen, dass im April 2016 Friedrich Heer hundert Jahre alt geworden wäre. Obwohl Heer in den 60er- und 70er-Jahren einer der umstrittensten und interessantesten katholischen Kulturhistoriker, ein überall anerkannter genialer Trinker, ein querdenkender Philosoph und unermüdlicher Publizist war. Dass er gleichzeitig ein von paranoiden Existenzängsten, Selbstzweifeln und Komplexen verfolgter Mensch war, wussten nur wenige. Als man nach seinem Tod nachlesen konnte, dass er sich in seiner Selbstbiografie erfundener Heldentaten berühmte, verhängte offenbar die unerbittliche akademische Correctness das Schweigeverdikt über ihn und sein Werk.

War der wunderbare Barockmaler Caravaggio nicht auch gleichzeitig ein verurteilter Mörder? Und hat der übergroße Goethe nicht als Minister eine Kindsmörderin zum Tod verurteilt und gleichzeitig als Dichter die erschütternde Gretchen-Tragödie im *Faust* geschrieben? Und über Wagner sollte man besser gar nicht nachdenken, sondern in den *Tristan* gehen. Wann war Genialität je Persilschein für einen weißen Charakter? Darf man mit dem Menschen auch wissentlich sein Werk begraben?

»Dankbarkeit ist keine politische Kategorie.« Wer sich auf dieses »Geschäft« einlässt und es weiter als zum einfachen Unterstützer vorgelegter Petitionen bringt, weiß, was Bruno Kreisky mit diesem Aperçu meinte. Wie seltsam, dass ein derart gewiefter Politiker und gebildeter Mann dennoch darunter litt, als er diese Wahrheit selbst zu spüren bekam. Hirn und Herz sind eben zweierlei.

Die von Eltern eingebläute Antwort auf die Frage »Wie sagt man, wenn man etwas bekommt?« geht vielen nach der Benimmschulung wieder verloren. Was bleibt, ist das genaue Gegenteil: Undank als der Welten Lohn.

Undank ist eine der Voraussetzungen für Karrierismus, die zivilisierte Ausprägung des Kannibalismus, bei dem es um die gesellschaftliche Verzehrung anderer geht. Und da immer Menschen auf dem Speiseplan stehen, glaubt so mancher Karrieregourmet, dass sein Verhalten »humanistisch« wäre.

Wer Dank erwartet, tut sich im Leben schwerer als jene, die es vorziehen, dem zu Dankenden zu schaden, ohne einen Nutzen daraus zu ziehen – die »selbstlose Gemeinheit«, wie sie in Schnitzlers *Professor Bernhardi* genannt wird, für die man sich auf gut Wienerisch nur bedanken kann. Der berühmt-berüchtigte Fußtritt anstatt eines Dankeswortes ist eine beliebte Variante der hohen Kunst, einen anderen seinen Undank »fühlen« zu lassen.

Im Buch der Sprüche steht geschrieben: »Endloses Hoffen macht das Herz krank; ein erfüllter Wunsch schenkt neue Lebensfreude.« Daher sollte man selbst Dank spenden, um von Zeit zu Zeit über die Liebenswürdigkeit des einen oder anderen aufs Erfreulichste überrascht zu werden.

Die Heiligen und die Steinwerfer

Der Trainerverschleiß unserer Polit-Mannschaften hat nun nach der A-Liga auch die grüne B-Liga in ihren Sog gezogen. Jeder hoffnungsträchtige Coach, der entschlossen ist, seine jeweilige Mannschaft neu zu motivieren, wirft in Kürze zermürbt, erschöpft und total frustriert das Handtuch.

Desavouiert durch taktisch gezielte Untergriffe, nebulose Unterstellungen, brutale Fouls und verbale Shitstorms von Freund, Feind und Medien, überlässt er das blutige Schlachtfeld dem nächsten – man kann ihn nur so nennen – Heiligen, der bereit ist, sich für seinen Glauben steinigen zu lassen.

Nun aber hat das unvorhergesehene Mitterlehner-Erdbeben die Mauern der politischen Arena gründlich zum Zerbröseln gebracht, die Spielwiese umgeackert und endlich doch noch Platz für einen Blick in die Welt von heute jenseits der Mauern geschaffen.

Trainer und Spieler sind nunmehr dringendst aufgerufen, sofort gemeinsam die Arena neu zu gestalten, sich gleichzeitig strengste Regeln im Umgang miteinander zu verpassen, um dann endlich dem Publikum bieten zu können, wofür es sie bezahlt: ein faires Match zwischen konstruktiven Ideen, bei dem der Bessere siegt.

VIII Was du tust, tu es klug und bedenke das Ende

Ein Widder für den Widder zum 90. Geburtstag von den Kollegen im Künstlerheim

Wenn sich der Österreicher abmüht, abrackert, abschleppt, plagt und quält, dann heißt es auf gut Wienerisch, dass er sich abstrampelt, während die anderen auf der faulen Haut liegen. Weshalb und wohin gestrampelt wird, weiß er in der Regel nicht. Man strampelt, damit Schwung in eine Sache kommt und sich etwas tut.

Ob das klug ist, sei dahingestellt, wird das Ergebnis solchen Strampelns eher dem Zufall als einer detaillierten Planung überlassen. Man denkt an Äsops Fabel über die nach Wasser suchenden Frösche, die in eine Schüssel fallen, nachdem sie sich an der darin befindlichen Milch gelabt hatten. Beim Versuch, die in die Freiheit führende rutschige Wand der Schüssel zu bezwingen, beginnen beide zu strampeln. Als dies nicht den ersehnten Erfolg bringt, zieht der eine den Schluss, dass sich das Schicksal gegen ihn verschworen hat – gibt auf und ertrinkt. Der andere hingegen lässt sich trotz vielfachen Abrutschens nicht entmutigen und strampelt so lange weiter, bis sich die Milch unter seinen Füßen in Butter verwandelt, deren Brocken ihm als Basis für den lebensrettenden Sprung ins Freie dienen.

Und was, werden Sie sich jetzt fragen, ist die für Österreich zu erschließende Moral der Geschichte?

Zunächst einmal, dass man es sich schmecken lassen sollte, bevor es an die Arbeit geht. Dann, dass es, »wenn der Herrgott net will«, vergebens ist, mit seinem Schicksal zu hadern, und zu guter Letzt, dass man auch die hoffnungsloseste Lage nicht ernst zu nehmen braucht, solange ohnehin alles in Butter ist.

Und wer das versteht, versteht auch, wie in Österreich Politik gemacht wird.

Unmenschliche, falsche Rechnung

Verschieden zitiert, mahnte schon vor 2500 Jahren der Fabeldichter Äsop: »Was du tust, tu es klug und bedenke das Ende.« Der Mangel an konsequentem Denken ist seit jeher die Ursache der großen Katastrophen und Unmenschlichkeiten.

Voilà, ein vergleichsweise kleines österreichisches Beispiel: Anstatt den derzeitigen siebenstufigen Pflegezuschuss von monatlich 290 bis 1600 Euro für zu Hause oft rund um die Uhr betreute alte, demente Menschen und gleichzeitig auch den Regress für die Pflegeheimbetreuten zeitgemäß und sinnvoll neu zu regeln, wurde mit dem kontraproduktiven Vorwahlzuckerlgesetz der totalen Abschaffung des Regresses jede Hoffnung auf Verbesserung der prekären Lage der zu Hause Gepflegten und ihrer Pflege zunichtegemacht. Ein Ansturm auf die großen Pflegeheime, in denen ein Pflegeplatz mit 4400 Euro dotiert ist, ist die Folge. Beschämender aber als die offensichtliche Unfähigkeit des Staates, einfachste Rechenaufgaben zu lösen, ist die erschreckende selbstverständliche Inhumanität, mit der den alten, hilfsbedürftigen Menschen das letzte verbliebene Glücksgefühl, in der gewohnten Umgebung zu sein, gestohlen wird. Wahrlich ein Fall von Hochkulturschande.

»Durch Fehler wird man klug, darum ist einer nicht genug.« Wilhelm Busch bringt es immer wieder auf den Punkt, den der Österreicher leider nur für einen ärgerlichen Tintenfleck hält. Unendlich schade und letzten Endes kostspielig für unsere Gesellschaft, kommt es im Leben doch oft gerade auf den berühmt-berüchtigten Punkt an. Erst durch ihn lässt sich zwischen dem einen und dem anderen unterscheiden. Ohne Punkte gäbe es keine Aussagesätze, mit denen wir uns sinnvoll mitteilen können. Und wenn der Punkt gar als Doppelpunkt einer Aussage vorangestellt wird, weiß man, dass jetzt der Weisheit letzter Schluss kommt.

Doch das braucht der Österreicher in seiner Genügsamkeit alles nicht. Es lässt sich für ihn auch ohne abschließende Punkte recht gut leben. Wozu sich was antun, wenn es auch so geht? Und mit diesem gedanklichen Rüstzeug im politischen Rucksack glaubt er unbeirrt daran, dass wir, ohne aus unseren Fehlern zu lernen, klüger werden können.

Was, fragt der Österreicher verständnislos, will man mehr? Doch Vorsicht: »Verständnislos« und »ohne Verstand« liegen bei solch österreichischen Fragen enger beieinander, als einem oft lieb ist. Weshalb der Österreicher sich fragt, warum er bei positiv zu Erwartendem sein Verhalten ändern soll. Mehr als dazulernen und gescheiter werden, würde er auch mit größtem Einsatz nicht.

Was will man gegen eine so konsequente Logik sagen? Nichts! Denn, wo der Österreicher recht hat, hat er eben recht, und jede Diskussion darüber wäre bloß ein Streit um des Kaisers Bart.

Unbelehrbarkeit durch Wahldebakel

Nur, um Missverständnissen vorzubeugen: Die Schwarzen halten mich für rot, die Roten für schwarz, und die Blauen haben mich noch nie für blau gehalten. Und alle drei haben recht. Dass sich wegen der Landtagswahlen Schwarz und Rot nach jahrzehntelangen und konsequenzlosen Wahlverlusten wie beleidigte Majestäten gebärden, zeigt deutlich die Ursache des Debakels. Man wurde unsanft daran erinnert, dass Parteigranden nicht erbberechtigt sind und der Wähler der Souverän ist. Man sitzt unbeweglich auf seinen Sesseln fest. Und wenn sich, wie Voves und Schützenhöfer in der Steiermark, jemand mit den richtigen Mitteln an ein kaum lösbares Problem wagt, wird er von der Bundespolitik aus Feigheit im Stich gelassen.

Keiner soll, bitte, sagen, dass nicht alle wussten, wohin es steuerte: dass mangels einer wirksamen vierten Partei – die Grünen, die Großstädte mit Sommerfrischen verwechseln, nehme ich nicht mehr ernst – die Blauen den Protesterfolg ernten werden. Wehleidig dasitzen, Wunden lecken und dem jeweils anderen Koalitionspartner weiter ein gegenseitiges Beschuldigungs-Pingpong zu liefern – im Volksmund nennt man das Watschentanz – ist sträflich. Wenn nicht bald etwas geschieht, dann kann noch wirklich etwas passieren.

Gesundheit ist die gesellschaftliche Herausforderung unserer Zeit, der es im alles überholenden, entsorgenden Fortschrittswahn letztlich darum geht, das Vergängliche möglichst lange unvergänglich zu machen.

Und da wir uns alle ein hohes Alter, ohne wirklich alt zu werden, wünschen, ist die Gesundheitsindustrie, wie noch nie in der Menschheitsgeschichte, gefordert, diese Utopie für jeden Einzelnen zu erfüllen. Ein klein wenig schwierig, wenn Menschen dies trotz Übergewicht, Bewegungsmangel, falscher Ernährung, Alkohol- und Zigarettenkonsum erwarten. Aber auch in diesen Fällen tut der Sozialstaat mithilfe aller gebotenen Möglichkeiten und Mittel, was er kann. Eine herkulische Aufgabe, die gewaltige Summen Geld verschlingt, vor allem, wenn es sich nicht mehr um die Erhaltung der Gesundheit, sondern um das, was davon übrig geblieben ist, handelt.

Gesundheit als die Abwesenheit von Krankheit und Gebrechen zu verstehen, greift zu kurz, um die Gesundheit in ihrer Komplexität zu verstehen. Wer sich gesund fühlt, fühlt sich körperlich, geistig, seelisch und sozial wohl. Das positive Zusammenspiel dieser Faktoren gilt es von frühester Jugend bis ins hohe Alter tagtäglich in Einklang zu bringen.

Daher ist Vorsorge stets segensreicher als Nachsorge. Vorsorgeuntersuchungen sind Angebote, die man wahrnehmen sollte, um sich mit der persönlichen gesundheitlichen Realität auseinandersetzen und über eben jene Gedanken machen zu können. Da bekommt René Descartes' berühmter philosophischer Grundsatz »Ich denke, also bin ich« eine gesundheitspolitische Bedeutung.

Lebensgefahr durch Milchtrinken

Also jetzt wieder die Milch. Endlich ist bewiesen, dass Milch nicht nur für Laktose-Intolerante, sondern für alle bedenkliche Substanzen enthält und daher nicht gedankenlos getrunken werden darf. Von Eiern wissen wir dergleichen längst, und die Butter hat erst seit einiger Zeit aus Vitamin-A-Gründen ein bissel an Schrecken verloren. Irreversible Schäden an der Gesundheit durch den Verzehr von Würsteln, Hendln, Speck, Grammeln, aber auch von Nicht-Biogemüse, Nicht-Biobrot, Nicht-Biobutter und so weiter sind längst wissenschaftlich nachgewiesen. Auch Wasser ist bis zum Beweis des Gegenteils nicht ungefährlich, und schönem, veredeltem Obst sind fleckige, unansehnliche Zwergpfirsiche prinzipiell vorzuziehen. Immer neue Sachverständigengutachten und wissenschaftliche Studienaufträge von offensichtlich menschenfreundlichen, selbstlosen Chemie- und Pharmakonzernen sorgen für Nachschub bei der Lebensmittelaufklärungsliteratur.

Seit ich denken kann, trinke ich pro Tag, weil es mir schmeckt, einen halben bis einen Liter Milch, süße und Buttermilch. Ich warte auf den Beweis und die wissenschaftliche Studie, dass ich ohne Milchtrinken jetzt schon 100 Jahre alt wäre und nicht erst im kommenden März 93.

Fressen oder gefressen werden, ist eine in der Natur gängige Überlebensstrategie. Auch der Mensch bedient sich ihrer, wenn es ihm opportun erscheint. Denken, Fühlen und Handeln sind evolutionär darauf abgestimmt, dass wir nicht unter die Räder kommen, sondern bei erster Gelegenheit selbst drüberfahren. Dass die Evolution das zur Durchsetzung von Grundbedürfnissen so einrichtete, ist in Zeiten unersättlicher Profitmaximierung in Vergessenheit geraten.

Essen, um nicht zu verhungern, sowie sauberes Wasser, um den Durst zu stillen, sind elementare Grundbedürfnisse, die es mit allen gebotenen Mitteln zu befriedigen gilt. Wärme, Sicherheit und eine medizinische Grundversorgung kommen nach deren Sicherstellung folglich dazu, um jenes Selbstwertgefühl zu ermöglichen, ohne das ein gedeihliches Zusammenleben unter Gleichen unmöglich ist. Und zu »guter« Letzt bedarf es des Rechts auf Arbeit, welches dem Einzelnen, wenn schon nicht das Recht auf einen Arbeitsplatz, zumindest das Recht auf eine finanzielle Sicherung im Falle unverschuldeter Arbeitslosigkeit zuspricht.

Arbeitslosigkeit ist in der Biografie vieler Betroffener ein dunkles Kapitel, das ab dem 50. Lebensjahr oft als aufoktroyierter Epilog herhalten muss. Traurig genug. Aber wenn junge Menschen zwischen 15 und 24 ohne Arbeitsaussichten in eine nicht erkennbare Zukunft blicken, dann ist das nicht nur traurig, sondern eine tickende Zeitbombe.

Gertrude Stein bezeichnete die nach dem Ersten Weltkrieg Heranwachsenden als verlorene Generation. Wir wissen, zu welchen Heilsbringern diese Verlorenen in Massen gewandert sind.

Das Elend mit Minimundus

Reden wir heute einmal nicht von Moral und Ethik und all den hehren Idealen großer Geister, um derentwillen sich die Menschen seit eh und je gegenseitig umbringen. Begeben wir uns in unser österreichisches Minimundus mit seinen eigenen kreativen Vordenkern für ein glückliches Arbeits- und Privatleben aller Bürger. Auch ihnen ist im Kleinen schon Großes, Ruinöses gelungen. Zum Beispiel, dass jetzt ein kleiner Familienbetrieb nach dem anderen zusperrt, begraben unter Steuerproblemen und den immer neuen und strengeren gesetzlichen und gewerkschaftlichen Auflagen. Die Entrüstung der Kleinbetriebe ist verständlich, wenn sie dabei zuschauen können, wie große Betriebe mit der Auslagerung ihres Geschäftsstandortes und der Warenproduktion legal dem »Übermut der Ämter« entgehen und uns die günstig produzierte Ware dann mit Gewinn verkaufen.

Was die Wut anlangt, geht diese aber in die falsche Richtung. Die richtige wäre diejenige, die zu den verstaubten, alten, immer wieder stecken bleibenden Maschinerien führt, die es zum Beispiel zusammenbringen, dass der Lehrlingsarbeitslosenzahl von mehr als 6000 Jugendlichen immerhin fast 3000 freie Lehrstellen gegenüberstehen. Fazit: Der Erwerb neuer, zeitgemäßer, gut geölter Maschinen mit dem entsprechenden kundigen, jungen Bedienungspersonal wäre dringendst zu empfehlen.

Jedermann weiß mittlerweile, wer Jedermann ist. Der Typ, dessen letzte irdische Stunde Jahr für Jahr vor dem Salzburger Dom zelebriert wird, ist witzigerweise genau der, der alles und jeden bei den Festspielen überdauert. Totgesagte leben eben länger.

Das Grundmotiv der Handlung ist die Konfrontation eines von Rang und Stand entkleideten Menschen mit den ersten und letzten Gegebenheiten seines Lebens. Auslösendes Moment hierfür ist der unerwartet vor ihm stehende beziehungsweise bevorstehende Tod, dem er noch Rechenschaft ablegen muss. Wenn man so will, ist es die Geschichte über die zwingende Abrechnung am Ende des Seins anhand der Datenerfassung einer von Gott aufgebürdeten moralisch-ethischen Registrierkasse.

Die Forderung nach der Lebensbilanz war früheren Epochen gewiss. In etwa so gewiss wie heute die Registrierkassenpflicht. Doch ist das, worüber in beiden Fällen Rechnung gelegt werden muss, diametral entgegengesetzt. Findet die erste im Bewusstsein des Todes statt, begnügt sich die zweite mit der banalen Erfüllung einer gesetzlichen Pflicht. Unübersehbar an dieser Gegensätzlichkeit ist, wie die Totentänze des Mittelalters den profitmaximierenden Tänzen um das goldene Kalb gewichen sind.

Glücklicherweise ist kein Ministerium für die Einführung von Registrierkassen, die unsere Taten erfassen, zuständig. Belassen wir es daher, wie es ist, und kaufen uns eine Karte für den *Jedermann*, um uns daran zu erfreuen, wie dieser, und nicht wir, besagte Rechnung über Wirken und Tun ablegen muss.

Die moralische Registrierkassa

Gibt's das wirklich oder ist es, frei nach Vergil, ein Gerücht, das wächst, indem es sich verbreitet? In den letzten 20 Jahren ist es gelungen, den Strich nach und nach von der Straße in einschlägige Mietshäuser und Etablissements zu verlagern und damit die Zuhälterkriminalität in den Griff zu bekommen. Und nun wittern die Finanzämter hier plötzlich eine neue Möglichkeit zur Sanierung des maroden Staatshaushalts mit der Hilfe des Schreckgespenstes aller Kleingewerbetreibenden, der Registrierkassa.

Diese Angelegenheit, so las man, sei nur deshalb noch nicht offiziell bestätigt, weil sich die Beamten aus demokratiepolitischen Gründen (Gleichheit vor dem Gesetz) noch nicht über eine notwendige Modifizierung des amtlichen Kassabelegs einigen konnten, auf dem neben der Zahlungsbestätigung auch verpflichtend Name, Adresse, Datum, Uhrzeit und genaue Dienstleistung zu beschreiben sind. Sollten sich die Finanzer hier auf eine Registrierkassensonderbelegsordnung einigen, ist zum Schaden aller ein Exodus der Gunstgewerbetreibenden zurück auf die Straße zu erwarten. Und solange keine Tascherlregistrierkassa erfunden wurde, ist somit die staatliche Geldbeschaffungsidee, wie man in Wien sagt, gründlich in die Hose gegangen.

Als aufgebrachte Wiener am 13. März 1848 auf die Straße gingen, um den Habsburgern mit der Forderung nach Mitspracherecht die Stirn zu bieten, herrschte großes Rätselraten, hatte man doch im katholisch-kaiserlich geprägten Wien das Volk zum passiven Messefeiern und Theatergehen erzogen. Eine Gesprächskultur bildete sich nur hinter bespitzelungssicheren Mauern. Das einzig bürgerliche Aufkommen, das Kirche und Staat zuließen, war das Hochziehen von Störenfrieden auf den Galgen.

Und nicht anders ging es an jenem unglückseligen 13. März 1848 in der Herrengasse zu, als fünf Demonstrierende beim Zusammenstoß mit dem kaiserlichen Militär niedergemetzelt wurden. Schon damals machte die Apologie die Runde, dass der »gütige« Kaiser Ferdinand gefragt hatte, ob die Aufständischen denn überhaupt revoltieren dürften. Ein Euphemismus, der kaum hundert Jahre danach mit der Variation »Wenn das der Führer gewusst hätte!« in seiner Obrigkeitshörigkeit noch übertroffen wurde.

Aber zurück zum »gütigen« Ferdinand, dem die Wiener Bevölkerung bereits zwei Tage und einige lauwarme Versprechungen nach dem Gemetzel wieder stürmisch zujubelte, um ihr Gewissen durch Gehorsam zu entlasten. Sie verhalf den Machthabern dazu, die von den Barrikaden mit Blut verlangten Veränderungen in der Tradition des Reiches auf die lange Bank schieben zu können – womit die rechtmäßige, gottgewollte Ordnung wieder hergestellt war. 1848, 1918 und 1938 sind nicht von ungefähr Gedenkjahre geworden.

Apropos Gedenken: Am 6. Oktober 1848 lynchten Aufständische den amtierenden Kriegsminister Latour und hingen seine Leiche an eine Laterne.

Fressen nur, um zu fressen

Man weiß es längst, aber dennoch braucht's immer bittere Erfahrungen, um zu realisieren, dass die Schrecken der Weltgeschichte sowie des eigenen Lebens fast immer durch die unbedachten Folgen von Ursache und Wirkung bestimmt werden. Dazu fällt mir ein altes Märchen vom Verschwinden der Saurier nach ihrer vieltausendjährigen Dominanz auf unserem Planeten ein. Als sie nämlich eines Tages entdeckten, dass das lebensnotwendige Fressen zweckentfremdet auch als köstliches Genuss- und Unterhaltungsmittel dienen kann, begannen sie mit dem Fressen nur um des Fressens und des Spaßes willen mit zunehmender, neidvoller Gier. So wurden sie immer größer und größer, fetter und fetter und endlich derart unbeweglich, dass sie sich nicht mehr zum Wasserschlürfen am Fluss niederbücken konnten. Zu groß, zu schwer, zu fett verdursteten sie und starben aus.

Als Parabel gelesen, ist diese Kindergeschichte von erschreckender Aktualität. Und angesichts der globalen machtpolitischen Zustände und deren teils größenwahnsinnigen, eitlen, unbelehrbaren, zögerlich-feigen Machtrepräsentanten fragt sich der demokratische, treue Wähler immer öfter, wie weiland Kaiser Ferdinand I.: »Ja, derfen s' denn das?«

Wenn man sich so umhört, ist »Hackeln bis zum Umfallen« des Österreichers Los. Das hat Gründe, über die man sich einmal ernsthaft Gedanken machen sollte. Nur, wer will das schon, sich über etwas den Kopf zerbrechen, das, so wie es ist, recht gut läuft?

Hackeln bedeutet in der österreichischen Umgangssprache eine Arbeit, im ursprünglichsten Sinn sogar eine schwere körperliche Arbeit, zu verrichten. Wer sein Brot mit Hauen und Spalten verdienen muss, wird das umgehend bestätigen. Und die, die das nicht wissen, sollen einmal eine Hacke in die Hand nehmen, um zu erfahren, was der Begriff Hackeln zum Ausdruck bringt.

Das heißt also keinesfalls, dass es ohne tatsächliches Hackeln kein Hackeln gibt. Dafür hat Eva im Paradies gesorgt, als ihr die Schönheit der Apfelblüte nicht mehr genügte und sie in die daraus entsprießende verbotene Frucht biss. Damit war die Reise vom Paradies in die Arbeitswelt ohne Stornomöglichkeit gebucht.

Hackeln bis zum Umfallen kann vieles und nichts bedeuten. Da, wo der Begriff allerdings nur dazu dient, überdurchschnittlich hohe Gehälter mit dem Ich-hackle-dafür-bis-zum-Umfallen-Argument zu rechtfertigen, wird die Assoziierung mit körperschädigendem Hackeln eher fraglich. Als ein reicher Geschäftsmann im Fernsehen in einer Diskussionsrunde seine hohen Gewinne damit begründete, dass er um 5 Uhr aufsteht und den ganzen Tag hackelt, erwiderte die ihm gegenübersitzende Reinigungsdame, dass sie bereits um 4 Uhr aus den Federn muss.

Wäre es nicht erfreulich, wenn sich das Problem der immer weiter auseinanderklaffenden Stundenlöhne mit Wecker lösen ließe?

Hacklerpension für Funktionäre?

Ob Eisenbahner, Metaller, Journalist und so weiter, sie alle haben eine Spartengewerkschaft, manche auch noch einen Betriebsrat, der ihre Ansprüche und Forderungen vertritt. Aber die Gruppe der Nurfunktionärparteibuchpolitiker hat offenbar nichts dergleichen, und das ist angesichts der brüderlichen Gleichheit aller Arbeitenden skandalös und beschämend. Denn dadurch hängen die Getreuesten der Getreuen, wenn sie nicht mehr gebraucht oder erwünscht – oder einfach ausgebrannt – sind, gewissermaßen in der Luft und können nicht in den verdienten Ruhestand, die Hackler- oder Frühpension versetzt werden.

Und so muss man immer wieder das unwürdige Schauspiel des Suchens, Findens und Erfindens von Positionen zur Versorgung der fleißigen Parteisoldaten erleben, die mangels rechtlich verbindlicher Vereinbarung zu Almosenempfängern degradiert werden. Der einzige Trost für die Herabgewürdigten bleibt, dass die gefundenen Sinekuren wesentlich besser dotiert sind als die von den Gewerkschaften ausgehandelten Pensionsansprüche. Womit wieder einmal bewiesen ist, dass alles Übel anscheinend auch eine gute Seite haben kann und dass die Brüderlichkeit von Gleichen mit den Gleicheren durchaus möglich ist.

Ein Pfarrer berichtete gerne folgende Begebenheit aus seiner Jugend: Er war in einfachen Verhältnissen am Land aufgewachsen, wurde von Mutter und Vater geliebt und im Glauben erzogen und hatte alles in allem eine schöne Kindheit. Aber wie bei fast allen Kindern kam der Tag, an dem er zu hinterfragen begann. Wie kam der Vater dazu, fragte er sich, von ihm zu erhoffen, dass er sich an dies und das zu halten hätte, bloß da es in der Familie Sitte war? Machte das nicht alles viel schwerer, als wenn man ohne viel Nachdenken vor sich hinlebte? Da beschloss er eines Tages, den Vater auf die Probe zu stellen. Er schlich sich gegen Mittag an jenes Feld heran, wo der Vater einsam und allein seine Arbeit verrichtete, und wartete die Mittagsglocken ab, um zu sehen, wie er sich bei deren Erklingen verhalten würde, hatte er doch den Sohn stets ermahnt, den Ruf der Glocken als Ruf Gottes wahrzunehmen. Und als diese zur Mittagsstunde zu läuten begannen, sah der Sohn seinen Vater auf die Knie fallen, um ein Dankesgebet zu sagen. Wie der Priester gestand, schämte er sich dafür, den Vater auf die Probe gestellt zu haben. Der Vater erfuhr nie von diesem Erlebnis, und schon gar nicht, wie sehr es den Sohn geprägt hatte, aber er spürte ab diesem Tag, wie ihm der Sohn unverhofft nähergekommen war.

Am Ende seiner Geschichte gab der alte Pfarrer noch Folgendes zu bedenken: Seid euch immer bewusst, dass das Gesagte auch gelebt werden muss, damit es für andere glaubhaft und glaubwürdig wird. Denn es könnte der Tag kommen, an dem auch sie wissen möchten, wer du in Wirklichkeit bist.

Schrankenlos, gedankenlos

Weil sie fast zu spät dran waren, sind drei Lehrerinnen mit ihren Schulkindern trotz bereits geschlossener Bahnschranken noch rasch über die Gleise gelaufen, um den Zug zu erreichen. Als der Behörde dies zu Ohren kam, wurden die drei fristlos entlassen und, zusammen mit einigen dabei ebenfalls anwesenden Eltern, angezeigt. Und nun protestieren nicht nur diese, sondern alle Eltern der Schulkinder gegen die Entlassung der Lehrerinnen und die rechtlichen Konsequenzen.

Wissen diese Protestanten eigentlich, was sie tun? Man kann nur immer wieder über das mangelnde Verantwortungsgefühl Kindern gegenüber erschrecken. Vor allem dann, wenn man staunend feststellt, dass dies nicht aus Mangel an Liebe oder Interesse der Erwachsenen geschieht, sondern einfach wegen des Defizits an positiven Verhaltensvorbildern in ihrer eigenen Jugend. Die seit drei Jahrzehnten andauernden Schulversuche, bei denen dauernd ergänzt, abgeschafft, angedacht, jedoch offiziell nicht das Zu-Ende-Denken gelehrt wird, kann man hier als den staatlichen Beitrag zu dieser auf allen Gebieten bedenklichen und à la longue ruinösen Entwicklung betrachten. Es ist ein alter Satz: Schlechte Beispiele verderben gute Sitten.

Österreich ist anders. Bei uns bestätigt nicht die Ausnahme die Regel, sondern die Regel die Ausnahme. Kaum eine Interessensgruppe, der nicht Ausnahmen zugestanden werden, kaum ein Gesetz, das nicht mit einer Vielzahl an ausnahmeberücksichtigenden Novellierungen entkräftet wird. Ob Immissionsschutzgesetz, Gewerbeordnung oder das zum Lacherfolg gewordene Rauchverbot – Österreich tut sich mit geradlinigen Regelungen schwer.

Dagegen wäre als gelernte Österreicherin nichts zu sagen, wenn es nicht jüngstens eine bemerkenswerte Ausnahme in dieser Ausnahmekultur gegeben hätte: die Ausschließung einer Ausnahmeregelung für die in Österreich in Lehrausbildung stehenden Flüchtlinge. Eine in unserer realpolitischen Ausnahmekultur konsequente Inkonsequenz!

Dabei hatte die Regierung erst kurz davor angekündigt, Ausnahmen von der geplanten Abschaffung der Lehre für Asylwerber für jene in einem Lehrverhältnis stehenden Flüchtlinge zu prüfen. Der Aussage, jene Asylwerber, die jetzt schon eine Lehre machen, können diese fortsetzen, folgte konsequent-kurz und kickl-schnell eine Absage seitens des zuständigen Ministeriums.

Die rechtliche Begründung hierfür lautet: »Jede Sonderlösung für Lehrlinge, die ein gesichertes Bleiberecht bis zum Ende des Lehrverhältnisses enthält, wäre ein Präzedenzfall, der weitere Forderungen für Ausnahmen nach sich ziehen würde.«

Ich frage mich, ob diese konsequente rechtsstaatliche Notwendigkeit ab nun alle bestehenden Ausnahmeregelungen betrifft. Geben wir hierfür unserer Regierung eine Chance und nehmen sie ausnahmsweise ohne Ausnahme ganz einfach beim Wort.

Schlamperte Verhältnisse

Wie nur kann man einem puritanischen, aufrechten Eidgenossen die österreichischen Spezialmethoden zur Bewältigung von Problemen für ihn nachvollziehbar erklären? Auch in seinem Land ist man, wie bei uns, mit 18 Jahren volljährig und gilt dann als erwachsen, für sich selbst verantwortlich und wahlberechtigt. Bei uns allerdings mit einer Ausnahme, und zwar für die Kurzzeittätigkeit der Stimmabgabe bei Wahlen. Dafür – und nur dafür – wurde mit Absegnung des Parlaments das Wahlalter auf 16 herabgesetzt, jedoch bei gleichzeitiger Weitergültigkeit der Mündigkeit mit 18 nach der Stimmabgabe.

Erst nachdem ich meinen Schweizern den desaströsen Wählerschwund unserer einst staatstragenden Koalitionsparteien schilderte, begriffen sie den Grund dieses lächerlichen Mündigkeitszirkus, den sie nicht nur grotesk, sondern auch demokratiebeschädigend, beschämend und, da er notabene auch noch total erfolglos war, dumm fanden. Wir als gelernte Österreicher, die spätestens seit Metternich wissen, dass der Balkan am Rennweg beginnt, nehmen's gelassener. Darum haben wir für derartige Politspiele die gleiche Bezeichnung wie für ebensolche im Erotikbereich: Es sind schlamperte Verhältnisse.

Das Versprechen, allen was zu bringen, kann sowohl als Verheißung wie als Drohung aufgefasst werden. Es lässt sich Gutes wie Schlechtes, Freude wie Ärger bringen, ohne dass der Empfänger Einfluss darauf hat. Bloß eines soll das Gebrachte nicht: uns aus der Ruhe bringen, sorgt ja die Zeit todsicher dafür, dass wir alles hinter uns bringen werden. Dem zum Trotz hat die Frage, wohin uns eine Entwicklung führen wird, etwas Beunruhigendes an sich und hat schon manchen zur Verzweiflung gebracht.

Das unaufhaltsame Roboterisieren der Welt wirft so eine Frage auf. Das, was mir dabei Sorge bereitet, ist die schon heute wahrnehmbare Zunahme einer Entpersonalisierung von Dienstleistungen. Und da meine ich nicht die ohnehin zur Selbstverständlichkeit gewordene Selbstbedienung. Mir geht es um Dienstleistungen, wo der Mensch als empathisch reagierendes Wesen keinem Roboter die Chance gleichwertiger oder gar besserer Leistung lassen sollte. Solch unintelligente Anwendung von künstlicher Intelligenz kann zu einer unermesslichen Bedrohung für uns Erdenbürger werden.

Der Mensch benötigt das menschliche Gegenüber, um als Mensch im humanistischen Sinn zu agieren. Deshalb plädiere ich dafür, dass Rationalisierung nicht zu Irrationalem führen darf. Denn wenn mittlerweile das Sicherheitspersonal das letzte wahrnehmbare Menschliche beim Fliegen oder bei Bankabwicklungen ist, dann haben wir einen Punkt erreicht, der dem Kundenwunsch nach individualisierten Leistungen entgegensteht. Ein Paradoxon, welches nur der Mensch und kein Roboter lösen wird können.

Die Post bringt allen was

Die Post bringt allen was. Ich freue mich, dass meine beiden immer kundenfreundlichen, hilfsbereiten Briefträger jetzt ihren wohlverdienten Urlaub genießen. Aber weniger erfreulich, um nicht zu sagen: skandalös, ist die Ferialpraxis der Wiener Postzustellung. Ein Beispiel von vielen: Ein Briefpäckchen mit einem Buch und ein paar beigelegten Schoko-Mozarttalern, adressiert mit Namen, Stadt, Postleitzahl und Hausnummer eines Ringstraßenhauses, in dessen Stiegenhaus sich, namentlich bezeichnet, acht Postfächer befinden, geht nach vier Tagen retour ins Salzkammergut, Vermerk: Adressat unbekannt, plus fünf Euro Strafzahlung. Woher bezieht die Post ihre Ferialpraktikanten? Werden die wie die Katz im Sack gekauft, egal, ob es sich um Analphabeten oder Ortsunkundige handelt? Instruiert sie niemand? Personaleinschulung, die bei BILLA selbstverständlich ist, scheint bei der Post im Sommer ein Fremdwort zu sein.

Nach einer Reise von insgesamt zwölf Tagen in einem neuen, gleich adressierten Überkuvert erreicht das Päckchen die Adressatin. Die Schokotaler haben inzwischen nicht nur Spuren auf dem Buch hinterlassen, sondern auch einen grauslichen, assoziationsträchtigen Patzen von etwas Ungenießbarem.

IX Ich weiß nicht,
was soll es bedeuten, dass ich
so traurig bin?

Hause unter dem Bild
r Ururgroßmutter

Gedenken ohne zu denken ist eine widerliche Sache. Man tut so als ob, als ginge es um eine Darbietung im Theater. Da wird Gedenken zum Gedenktheater degradiert. Wir alle kennen es nur zu gut: Betroffenheit auf Regieanweisung Korrekter, die daraus unkorrektes politisches Kapital schlagen möchten. Erinnerungskultur zum eigenen Nutzen gab und gibt es in allen politischen Systemen, gedenkt man doch allgemein nur jener, die einem was bringen, und wenn es bloß Ablenkung von der Gegenwart ist.

Es haben sich viele sehr gescheite Menschen über den Sinn und Unsinn des Gedenkens Gedanken gemacht. Goethe fragte sich, wo denn eines Tages sein Denkmal herkäme, wenn er es sich nicht schon zu Lebzeiten selbst gesetzt hätte. Die Erinnerung an etwas, das dieser nicht bedarf oder an das man sich ansonsten nicht erinnern würde, schien vielen Denkern der Menschheitsgeschichte ein denkwürdiges Unterfangen. Leider lösen Gedenkfeiern wie Denkmäler nur in seltenen Fällen Denkprozesse aus.

Das heißt jedoch keinesfalls, dass Gedenken ausschließlich oberflächlich, opportun oder gar verlogen sein muss. Jedem steht es offen, ritualisiertes Gedenken zum Anlass für ein persönliches Umdenken zu nehmen, um diesem tieferen Sinn zu geben. Denn wenn nur einer dies bei einer Gedenkfeier tut, wird sie aktuell und lebendig.

Dem Gedachten ist das Gedenken an sich gleichgültig. Erst ein aktives Tun verleiht dem Gedenken Orientierung und Sinn.

Kehraus für Pestgruben

Ich weiß nicht, was soll es bedeuten, dass ich so traurig bin?«, fragt sich Heine, wenn er an seine Heimat denkt. Warum fällt mir dieses Dichterwort jetzt immer öfter ein, obwohl ich immer ein hoffnungsvoller Mensch war? Auch in den Jahren der unwürdigen Performance unserer rot-schwarzen republikanischen Doppelmonarchie? Und dann kam ja auch endlich ein neuer, rosaroter Kanzler, Kern, mit frischer Luft, hoffte ich. Aber leider vergebens. Und dann das Hoffnungsgegenstück, der junge, schwarz-türkis gestreifte Kurz mit neuer Mannschaft. Das ist es, dachte ich. Ein Zeichen für den allseitigen Neubeginn.

Warum sich jetzt aus kurzfristiger Hoffnung ein langfristiger Schrecken abzeichnet? Daran, tut mir leid, sind wir alle schuld, wenn auch vor allem die Regierungen und die Justiz der letzten 70 Jahre. Weil sie jene Untoten in den braunen Pestgruben wissentlich vergessen ließen. Statt als beleidigte Leberwürste oder schadenfreudige Freistilkämpfer aufzutreten, sollte endlich das Republik-Doppel mit allen übrigen Parteien raschestens helfen, die stinkende Unratsgrube, an der alle mitschuldig sind, endgültig zu entsorgen. Weil Politiker für das Volk da zu sein haben und nicht, umgekehrt, das Volk für die Politiker.

Der Mensch ist von Natur aus kein friedfertiges Wesen. Es fällt ihm schwer, Konflikte ohne Zorn und Gewalt zu bewältigen. Geduld und Selbstbeherrschung gehören nicht zu seinen angeborenen Stärken. Dazu kommen Eitelkeit, Ehrgeiz und Argwohn, die durch ihre egozentrische Schwerkraft das Friedenhalten buchstäblich erschweren. Und da der zivilisierte Mensch dazu angehalten wird, sich das alles nicht einzugestehen, geht es ihm um vorgetäuschte Selbstverteidigung, mit deren Hilfe er sich vor den bösen anderen nichts weiter als schützen möchte.

Die Friedenspfeife, sagte Mark Twain, ist im Gegensatz zum immer griffbereiten Kriegsbeil oft nicht auffindbar. Das könnte damit zu tun haben, dass Menschen wesentlich mehr Kriegsbeile lagern als Friedenspfeifen vergraben. Diesem Grundgesetz menschlichen Verhaltens verdanken wir es, dass die Rüstungsausgaben im Jahr 2017 trotz aller Friedensbeteuerungen weltweit wieder zunahmen.

Laut dem Internationalen Institut für Strategische Studien wurden in diesem Zeitraum 971,9 Milliarden Euro für Verteidigung ausgegeben. Wie hoch wäre die Summe, wenn es nicht bloß um Verteidigung im Frieden ginge?

Der in den 80er-Jahren des vergangenen Jahrhunderts verklungene Ruf nach Frieden ohne Waffen wirkt in unseren rüstungsgeilen Tagen nicht nur anachronistisch, sondern weltfremd. Dem Gedanken an eine Welt ohne Aufrüstung ist heute nichts mehr abzugewinnen – eher ließe sich mit der blühenden Rüstungsindustrie über die Aufstockung von Massenvernichtungs- und konventionellen Waffen in einer atomar bereits ausgelöschten Welt verhandeln.

Da kann man nur noch weinen

Als sich im April 1945 aus dem Radio nach sieben Jahren Nazi- und Kriegsterror eine Stimme als »Radio Österreich, Sender Wien« meldete, habe ich dieses allumfassende, existenzielle, lebendige Freiheitsglücksgefühl empfunden. Dieses »Die Träne quillt, die Erde hat mich wieder« – obwohl ich damals erst 19 Jahre alt war.

Gestern finde ich im Postfach die Jubiläumsausgabe der großen deutschen Zeitung *Die Zeit*, beginnend am 6. Februar '46 mit dem Bericht über die erste Tagung der neu gegründeten Vereinten Nationen. »Der Friede ist unteilbar. Das ist die große Erkenntnis, die der letzte Krieg den Menschen geschenkt hat.« Seither sind über 70 Jahre vergangen und ich sitze hier mit meiner *Zeit* im doppelten Sinn des Wortes. Und es bewegt mich wieder eine umfassende existenzielle Unruhe, diesmal voll Wut und Trauer. Auf all die Machthaber unserer Welt, die wieder einmal die Erfahrungen und Erkenntnisse von gestern in die Historie entsorgt haben, sich nur im Jetzt spiegeln und immer noch nicht begreifen, dass Gestern, Heute und Morgen ein unteilbares Ganzes sind. Ach, was reg ich mich auf. Es geht mich doch nichts mehr an mit meinen 90 Jahren. Ich sollte endlich Ruhe geben, sagen meine Freunde. Aber ich kann's halt net.

Die zunehmende soziale Isolation der Briten, die sich als Insulaner einst ihrer »Splendid Isolation« wegen rühmten, hat Premierministerin Theresa May zur Gründung eines Ministeriums der Einsamkeit (Ministry of Loneliness) veranlasst. Ein nicht uninteressanter Zeitpunkt für eine solch ungewöhnliche Maßnahme, steht doch die wirtschaftspolitische Isolierung des Königreiches durch den Brexit bevor. Einsamkeit, die zur Vereinsamung führt, ist weder individuell noch gesellschaftlich erstrebenswert.

Alter ist für viele mit Unbehagen verbunden. Wer freut sich schon, wenn Freunde und Verwandte wegsterben, Pflege, Demenz und Unselbstständigkeit drohen und die Erfüllung unerfüllter Träume zunehmend unwahrscheinlicher wird? Spätestens dann kommt es auf die wesentlichen Dinge des Lebens an: Geborgenheit, Zuwendung und zwischenmenschlicher Austausch im persönlichen Gespräch.

Wenn, wie in Großbritannien, 13 Prozent der Bevölkerung von Einsamkeit betroffen sind und an die 200 000 Senioren höchstens einmal im Monat ein Gespräch führen, dann hat das Symptom epidemische Ausmaße erreicht.

Dass das Leid von Mitmenschen uns alle und demzufolge auch die Politik angeht, steht im christlich-jüdisch-sozial-liberal geprägten Österreich außer Streit. Und dennoch dürfte die gesellschaftliche wie familiäre Isolierung von Menschen der Vorbote einer späteren Vereinsamung sein.

Einsamkeit beginnt dort, wo das Miteinander zu einem Nebeneinander degeneriert. Wer dem anderen nichts mehr zu sagen oder zu geben hat, darf sich nicht wundern, eines Tages ausgeschlossen, ungeliebt und unbeachtet zu sein.

Als der Nachbar verschwand

Man wohnt schon eine ganze Weile nebeneinander. Wie lang, weiß man nicht genau. Der eine, Mieter von Nummer 16, ist jung und freundlich, geht morgens weg und kommt spätnachmittags heim. Der Nachbar von Nummer 17 ist Pensionist, ein ebenfalls freundlicher älterer Mann. Wenn man einander gelegentlich trifft, sagt man: »Heiß ist es«, »Kalt ist es« oder sonst was. Einmal kommt der junge Mieter von Nummer 16 und denkt: Da hab ich wohl was Essbares vergessen wegzuräumen, weil es so stinkt. Er lüftet gründlich. Das Gleiche wiederholt er die nächsten drei Tage, aber der Geruch geht nicht weg. Jetzt will ich doch den Nachbarn fragen, denkt er sich.

Er geht zu dessen Tür, aber da sieht er nur zwei Zettel vom Rauchfangkehrer und vom Postzusteller kleben, und auf das Läuten öffnet niemand. Also denkt er sich, der alte Mann ist auf Urlaub gefahren. Vier Tage später findet die Polizei in der Wohnung Nummer 17 die verweste Leiche des Bewohners, die sich jetzt, in der Sommerhitze, rapid aufgelöst hat. Laut Obduktionsbericht stellte sich heraus, dass er herzkrank war und an einem Herzanfall starb. Wäre jetzt nicht ein heißer, sondern ein kalter Sommer, vielleicht hätte man den freundlichen Mann erst zu Weihnachten gefunden. Dem jungen Nachbarn von Nummer 16 wär's sicher nicht aufgefallen.

Wer sich stärker mit seinen Mitmenschen identifiziert, leidet laut psychologischen Studien öfters an Fremdschämen als Menschen mit geringer oder fehlender Empathie. Wer sich für die Taten anderer schämt, hat es im Berufsleben daher schwerer. Insofern ist Fremdschämen eine Karriere schädigende Tugend, die sich Normalsterbliche nur bedingt leisten können.

Fremdschämen beginnt mit dem näheren Hinsehen und Nicht-mehr-alles-für-bare-Münze-Nehmen. Für die Jugend ist es die geilste und coolste Art, den Eltern zu zeigen, wie peinlich sie sind. Ein Klassiker ist der zu haltende Abstand von den biologischen Erzeugern. Meterweites Vorauslaufen oder erbarmungswürdiges Hinterherschleichen bei einem nicht zu vermeidenden öffentlichen »Auftritt« reichen zumeist schon aus, um den zu befürchtenden Peinlichkeiten mit den Alten aus dem Weg zu gehen. Doch wenn die Eltern das Ruder an sich reißen, sich jünger geben als sie sind und gar Gespräche mit Freunden anfangen, dann wird das Fremdschämen für die alten Trotteln blamabel. Und da die Eltern dummerweise meist am falschen Ort zur falschen Zeit sind, hat es seine Richtigkeit, wenn sie den Shitstorm ihrer »Kleinen« voll abbekommen.

Erfahrene Mütter und Väter nehmen das jedoch nicht persönlich, sondern eher sportlich als erkenntnisbringende Herausforderung fürs Leben danach, in dem sie die wichtigsten Bezugspersonen ihrer Kinder bleiben. Denn wenn das Fremdschämen nicht aus einem empathischen Gefühl entspringen würde, würden diese sich die aufreibende Auseinandersetzung mit ihren Alten von Haus aus ersparen.

Die hohe Kunst des Fremdschämens

Wenn man auf eine harmlose Amtsanfrage die Antwort »Datenschutz« bekommt, darf man in den meisten Fällen annehmen, dass es sich um einen Beamten handelt, der sich profilieren will – oder dass absichtlich gemauert wird. Immerhin war im gegenständlichen Fall bereits durch kurze Zeitungsnotizen zu erfahren, dass von einem exklusiven Event eines exklusiven Klubs in Ebreichsdorf am Ende des Festes 15 000 mit Marmelade beziehungsweise Vanillecreme gefüllte Krapfen übergeblieben waren. Am 9. Juli spätnachmittags wurde die Feuerwehr von Ebreichsdorf von einem größeren Feuer im Schlosspark verständigt, als dessen Ursache sich die Verbrennung der besagten 15 000 Krapfen herausstellte.

Wo, wie und wann leben wir eigentlich? Verkommt unser ach so christliches, sich besser als alle anderen dünkendes Abendland immer rascher zu einer unerträglich hedonistischen Exklusivgesellschaft, die nicht einmal mehr die Brosamen von einem Event Bedürftigen – in dem Fall den keine zwölf Kilometer entfernten Armen in Traiskirchen – überlässt? Sind uns die Reflexe der Mitmenschen so fremd, dass uns das Selbstverständliche nicht mehr einfällt? Ich habe mich oft gefragt, was das Wort »fremdschämen« eigentlich bedeutet. Jetzt weiß ich es.

»Das Rationale am Menschen«, sagt Friedrich Dürrenmatt, »sind die Einsichten, die er hat. Das Irrationale, dass er nicht danach handelt.« Diese Einsicht sollte einkalkuliert werden, wenn wir uns über den im Kalten Krieg geprägten Begriff »Gleichgewicht des Schreckens« Gedanken machen. In englischsprachigen Ländern spricht man von der Mutually-Assured-Destruction-Doctrine, der Wechselseitig-Zugesicherten-Zerstörungs-Doktrin, aus deren drei Anfangsbuchstaben das Akronym MAD-Doctrin gebildet wird. MAD bedeutet im Englischen verrückt beziehungsweise wahnsinnig, was in diesem konkreten Fall mit Sicherheit kein Zufall ist.

Die MAD-Doctrin geht davon aus, dass der Mensch ein rational handelndes Wesen ist. Demnach wäre keine Seite so irrational, die Vernichtung des eigenen Landes zwecks Vernichtung des Gegners in Kauf zu nehmen. Erstschlag und Gegenschlag halten sich so die Waage, weshalb beide Seiten auf den atomaren Erstschlag verzichten. Die Spannung des instabilen Misstrauens ermöglicht so stabilen Frieden, wenn – und jetzt wird die Sache wirklich MAD – alle in Frage kommenden atomaren Gegner eine Overkill-Kapazität beibehalten, um die totale Zerstörung des Angreifers auch noch mit einem Restbestand des von diesem beim Erstschlag zerstörten Atomarsenals zu gewährleisten. Wahnsinn als Quelle der Abschreckung ist so lange die Grundlage des Weltfriedens, solange wir alle an die Logik dieses Wahnsinns glauben. Doch allmählich frage ich mich, ob uns die Aufklärung auch diesen Glauben genommen hat, wodurch die MAD-Doctrin nichts weiter als ein Aberglaube wäre.

Hoffen wir, dass dem nicht so ist.

Die Schande von Hiroshima

Vor 73 Jahren, am 6. August 1945, hat sich die Menschheit bewiesen, dass sie von nun an imstande sein wird, sich selbst zu vernichten. Von dem ausgebrochenen Atomzeitalter erfuhren wir europäischen Normalbürger aus den Abendnachrichten per Radio und in den folgenden Tagen über die totale Zerstörung der Stadt Hiroshima durch die Urgewalt einer einzigen Bombe. Es gab damals kein Fernsehen, kein Internet oder sonstige Elektronik. Erst in der nächsten Wochenschau im Kino sahen wir die Trümmerbilder der Stadt, umherirrende oder grauenhaft verstümmelte und verkohlte Menschen. Es waren grässliche Kriegsbilder, aber sie vermittelten damals nichts vom Ausmaß und von den Folgen der Katastrophe. Es dauerte eine ganze Weile, bis man sich bewusst wurde, dass mit der Atomkraft die Büchse der Pandora geöffnet wurde.

Sieht man sich heute, 73 Jahre danach, die Welt mit den gefährlichen Drohgebärden der Mächtigen, den blutigen nationalen Kleinkriegen, den mittelalterlichen Religionskriegen und der Völkerwanderung der Flüchtlinge an, müsste man eigentlich verzweifeln. Wenn man nicht hoffen dürfte, dass die existenzielle Atomangst nicht aufhören wird. Es ist eine Schande für die Menschheit, dass sie es nicht ihrer Vernunft, sondern der Angst vor sich selbst zu verdanken hat, dass der dritte und letzte Weltkrieg noch nicht ausgebrochen ist.

Das Fragezeichen hat die Aufgabe, einen Satz als Frage zu kennzeichnen. Es kann aber auch nach Wörtern oder Satzteilen stehen, deren Aussage unbewiesen ist oder als unglaubwürdig erscheint. In diesem Sinne drücken die Worte »Christliche Werte in der erweiterten EU?« einen gewissen Zweifel über das zu Thematisierende aus. Denn was sind christliche Werte, und was wären sie ohne Bezug auf all die anderen uns prägenden Strömungen? Die allgemeingültige Beantwortung dieser Frage scheint mir die erste Fragwürdigkeit an diesem Unterfangen.

Unbestritten ist, dass Europas Wertesystem primär auf drei Hügeln errichtet wurde: auf der Akropolis in Athen, auf dem Kapitol in Rom und auf Golgotha in Jerusalem. Die griechische Philosophie, das römische Recht und die jüdisch-christliche Passionsgeschichte prägten jenes Europa, das im Laufe seiner Geschichte auch durch den Islam befruchtet wurde. Diese Vielfalt macht es unmöglich, den Kontinent auf das Christliche zu reduzieren.

Daraus aber zu schließen, dass das Christentum für das heutige Europa hinderlich oder gar überflüssig wäre, halte ich kulturell für kontraproduktiv und gesellschaftspolitisch für gefährlich. Das Wissen um den positiven wie negativen Einfluss des Christentums in der Epoche des Humanismus, auf den wir uns so gerne berufen, ist eine Grundvoraussetzung zum besseren Verständnis der Entwicklung all dessen, ohne das es das heutige »Europa« nicht gäbe.

Daher plädiere ich dafür, dass unsere Jugend das für das Verständnis einer solchen Kulturdebatte nötige Grundwissen ohne ideologisches Wenn und Aber vermittelt bekommt.

So reißen wir unsere Wurzeln aus

Neulich war ich wieder einmal – diesmal mit zwei Enkeln einer Freundin, 14 und 16 Jahre alt – im Kunsthistorischen Museum. Dass die Buben die dicke, schöne Rubens-Hélène scheußlich fanden, kann ich beim jetzigen Besenstiel-Schönheitsideal verstehen, ebenso, dass sie an den fröhlichen Bauernbrueghel-Bildern ihre Freude hatten. Dass die beiden aber mit den wunderbaren spätgotischen und Renaissancebildern, die Geschehnisse aus dem Alten und Neuen Testament illustrieren, wenig bis gar nichts anfangen konnten, hat mich schon erschreckt. Sie fanden sie nur, wie es auf Wienerisch heißt, »schön gemalen«.

Unserer glorreichen 50-jährigen permanenten Schulreform ist es mit der ersatzlosen Abschaffung des Pflichtfachs Religion offenbar gelungen, dass bereits die zweite Generation von Schülern von der Welt, in der sie lebt, keine Ahnung hat: nämlich von den Wurzeln der Kultur-, Kunst- und Geistesgeschichte des jüdisch-christlichen Abendlandes. Ob man an den einen Gott, an mehrere oder an keinen glaubt, steht nicht zur Debatte. Aber ohne wenigstens eine Ahnung zu haben von den Mythen, Erzählungen, den wunderbaren Parabeln und der Dichtung des Alten und des Neuen Testaments, werden wir unsere europäische Identität unwiederbringlich verlieren. Wir sind dann wie die Flüchtlinge: unterwegs von irgendwo nach irgendwohin.

Vorfreude ist die schönste Freude, solange die Erwartung auf etwas Besonderes nicht durch unsere feuchtfröhliche Alltagsgier nach immer Mehr erlischt. Vorfreude nimmt emotional vorweg, auf was man hofft, aber wenn diese stärker als deren Erfüllung ist, kann sie in Enttäuschung kollabieren. Wer kennt dieses Gefühl nicht, wenn Ersehntes nicht in Erfüllung geht? Durch vorfreudigen Stress steigt die Körpertemperatur, durch Enttäuschung fällt die Stimmung.

Vorfreude hängt sehr mit Bräuchen zusammen, deren formelle Abläufe wir kennen, sodass wir aus deren tradierter Partitur spielen können. Wo Beiläufigkeit das Dirigat an sich reißt, wissen die mitspielenden Herzen nicht mehr um ihren Einsatz. Feste Bräuche ermöglichen erst die vom Menschen gebrauchten Feste, ohne die er Sinn und Glück nicht findet.

Denn was sind die hohen feierlichen Feste anderes als das Spiegelbild unseres Seins? Sollten wir uns nicht bei Gelegenheit die Frage nach unserer Feierkultur stellen? Warum, zum Beispiel, sagen die meisten Christen zum Advent bereits Weihnachtszeit? Warum erzählt man den Kindern in öffentlichen Schulen immer häufiger vom Winterfest anstatt vom Christfest? Warum halten uns in den Supermärkten bereits im September die Krampusse ihre Ruten entgegen und die Nikoläuse ihre lachenden Gesichter? Lachen sie uns vielleicht gar aus, da wir immer weniger über unsere Kultur Bescheid wissen?

Feste dienen dem Loslassen und somit der Erlösung von Angefallenem und Aufgestautem – nützen wir sie als Angebot, mehr über uns selbst zu erfahren.

Endlich Erholung von der Seligkeit

So hat man's also wieder einmal überstanden. Seit Anfang Dezember war man gestresst von unzähligen Weihnachtsfeiern mit Kalorienbomben und Weihnachtseinkäufen, immer begleitet von *Stille Nacht*-Musik, gelegentlich auch in verjazzter oder verpoppter Variation. Wenn man dann endlich, schweißgebadet vom Kampf mit den Touristenströmen, wieder zu Hause angekommen war, warteten dort schon der nackte Christbaum und der große Esstisch zum festlichen Beschmücken. Nachdem dann das Familienfest am 24. beinahe ganz friedlich und ohne Zimmerbrand wie im vergangenen Jahr bewältigt wurde und auch die Weihnachtsgans vom Christtag verdaut war, ging's am 26. per Auto zum Skiurlaub in die Steiermark. Dort fanden wir einen wunderschönen Kunstschneestreifen inmitten des berühmten Steirergrüns, der zwar für die vielen angereisten Skifans zu schmal war, aber den Kindern eine ungetrübte Freude bereitete. Frustrierte Erwachsene trösteten sich inzwischen mit steirischem Kürbis und dem berühmten Original-Schilcher.

Nach zweiwöchigem Aufenthalt und zehnstündiger Stauphase sind wir gestern nach Wien zurückgekommen. Und morgen beginnt wieder der Alltag im Büro, Gott sei Dank. Dann hab ich endlich Zeit zum Ausruhen.

Die politische Freundschaft hat eine andere Qualität als die private, da es in der Politik keine wirklichen Freundschaften, sondern nur Zweckbündnisse auf Zeit gibt.

Freundschaft ist unter Sozialisten, Sozialdemokraten und Kommunisten ein Gruß – manche meinen, nichts weiter als ein Gruß –, der mit der politischen Linken aufkam. Gegner der Internationalen-Bewegung verunglimpften den Gruß mit der von dieser abgeleiteten Drohung: »Willst du mein Freund nicht sein, hau ich dir den Schädel ein.«

Darüber, was Freundschaft in der Politik denn eigentlich ist, gibt es differenzierte Vorstellungen. Für viele lässt sie sich über die Anzahl der Ämter, die man von seinen Freunden zugeschanzt bekommt, definieren. Politische Gegner nennen dies Freunderlwirtschaft. Freundschaft heißt auch, dass *wir* die *eine* Weltanschauung haben, der wir in Theorie und Praxis freundschaftlich zum Erfolg verhelfen wollen. Das gelingt zumeist über die Kontakte zu Freunden, die man für sich und andere Freunde spielen lässt.

Leichter gewonnen als erhalten, sind politische Freundschaften ein zartes Band in einem harten Geschäft, deren Untergang besiegelt ist, sobald sich ein Freund der Wahrheit verschließt und der andere aus Opportunismus zu lügen beginnt. Allein deshalb ist Freundschaft für viele, die es zu was bringen möchten, ein Luxus, den man sich nicht leisten kann.

Es geht nichts über Freundschaft

In einer rheinland-pfälzischen Provinzzeitung erschien eine lustige Karikatur von Angela Merkel mit einem reizenden kleinen Pudel an einer losen Leine. Darunter war zu lesen: »Muttchen mit ihrem getreuen Wiener Pudelchen Werni«. Nun erfahre ich, dass kürzlich die gleiche Zeichnung noch einmal erschien. Wieder Muttchen mit loser Leine, aber diesmal ohne Pudelchen und mit der Unterschrift: »Ja, wo ist er denn?« Und weil das Pudelchen stets so treu an ihrer Kittelfalte hing, fragt sich natürlich auch der Leser: »Wo ist denn der treue Freund aus Wien hingekommen? Was ist denn passiert?«

Nun, eigentlich ist gar nichts Besonderes passiert. Er hat halt einfach unstillbares Heimweh bekommen und Sehnsucht nach seinen alten Freunden von der österreichischen Grenzsicherungstruppe vom Golan in Israel, die damals, als es ein wenig brenzlig wurde, auch gleich patriotisch ins Vaterland zurückeilte. Und so kommt es, dass die noch gestern bewunderte deutsche Europamutter heute als nicht genderbarer Sündenbock verlassen dasteht. Inzwischen nicht nur vom Pudelchen. Der war bloß der Erste, der den Anstoß dazu gab. Jetzt bleibt Frau Merkel nur noch, zu seufzen und zu beten: »Gott schütze mich vor meinen Freunden, mit meinen Feinden werde ich selber fertig.«

Management heißt Führungskunst. Demgemäß ist Kulturmanagement nicht nur eine kunstbezogene Disziplin, sondern selbst eine Kunst. Ziel eines jeden Kunstmanagers müsste es demnach sein, ein Meister dieser Kunst zu werden.

Ein schwieriges Unterfangen, hegen doch Künstler den inhärenten Verdacht, dass Management nichts weiter als phantasiearme Pedanterie wäre, die dem Schöpferischen im Wege steht. Zum Leidwesen der Kunst ist das Pendel der Kunstbetriebe tatsächlich von der intuitionslastig-unreflektierten Seite auf die denklastige Seite ausgeschlagen, in der vieles durchs Denken um seiner selbst willen »kaputtgeschöpft« wird.

Kulturtreibende sollten meines Erachtens daher gleich zu Beginn ihrer angestrebten Laufbahn auf den bedeutenden Unterschied zwischen sinnvoller und zwanghafter Kreativität hingewiesen werden. Und wer den Unterschied nicht begreift oder als opportunistischer Mitläufer des Feuilletons nicht begreifen will, soll in einer anderen Berufssparte alles kurz und klein schlagen.

Denn anders als es diese Kunstrabauken glauben, ist es erst die Synthese zwischen Kreativität und einem funktionierenden Kunstbetrieb, der wir kulturellen und materiellen Wert zuerkennen. Goethe wusste als Theaterdirektor um dieses kunstvolle Wechselspiel, das sich in folgenden Versen spiegelt:

So ist's mit aller Kunst wohl auch beschaffen.
Vergebens werden ungebundene Geister
Nach der Vollendung reiner Höhe streben.
Wer Großes will, muss sich zusammenraffen.
In der Beschränkung zeigt sich erst der Meister
Und das Gesetz nur kann uns Freiheit geben.

Hölderlin für Husslein

Dass es Agnes Husslein gelungen ist, das Belvedere und seine Nebenstellen in die Mitte der Wiener Museumslandschaft zu integrieren, ist evident und äußerst begrüßenswert. Dass sie persönlich einen Charme wie ein Drahtbesen und einige erhebliche Mängel an sozialem Empfinden für ihre Mitarbeiter und Umgebung hat, war allerorts immer so bekannt wie ihre Managertüchtigkeit, ihr abgeschlossenes Kunststudium und ihre umfassenden Society- und Künstlerkontakte.

Wenn nun, gegen Ende ihres Vertrags, trotz unbestreitbarer Ausstellungserfolge und steigender Besucherzahlen plötzlich ein Husslein-Bashing ausgebrochen ist, bestätigt dies wieder einmal die Tatsache, dass hierzulande persönliche Animositäten ein Hexenjagdklima erzeugen können, in dem alle sachlichen Erwägungen verdorren müssen. Eine Jagd, veranstaltet von echten Feinden und falschen Freunden und sonst völlig Unbeteiligten, deren Motivation Friedrich Heer als die »uneigennützige Gemeinheit« bezeichnet hat. Es ist schon erstaunlich, wie es einer so tüchtigen Person trotz aller Erfahrungen immer wieder gelingt, sich eine derart massive Feindlobby zu schaffen. Schade. »Es ist die Zeit der Könige nicht mehr«, heißt es bei Hölderlin.

Selbstwahrnehmung als Selbsttäuschung ist ein weit verbreitetes Phänomen, da sich Menschen gerne so sehen, wie sie von anderen gesehen werden möchten. Wir malen Selbstbilder auf Anleitung unserer Selbstwahrnehmung, lassen dann das Idealbild abschließende Korrekturen machen und stellen das Werk unseres Selbst in der permanenten Schau unseres Lebens aus: der berühmtberüchtigte Balken im eigenen Auge.

Damit kann man sein Dasein recht gut fristen, solange es in der Selbstbeobachtung und der daraus folgenden Selbstbewertung zu keinen krankhaften Verzerrungen oder Verdrängungen kommt. Wenn sich Hitler am Ende seines Lebens nach wie vor als ein Mann des Friedens sah, dann können wir davon ausgehen, dass seine Selbstwahrnehmung defekt war. Solche Abweichungen finden sich auch in weniger drastischen Ausprägungen. Man denke bloß an überbeschallte Lokale, in denen die Gäste ihr eigenes Wort nicht verstehen und dennoch behaupten, sich gut zu unterhalten.

Solche und andere Verzerrungen der Realität spielen in der politischen Perzeption des Einzelnen eine nicht zu unterschätzende Rolle. Das Produkt dieser unterschiedlichen Eindrücke nennen wir Realpolitik. Sie ist, was das ihr vorausgehend Wahrgenommene in Summe bewirkt. »Verstand«, sagte Friedrich von Weizsäcker, »dient der Wahrnehmung der eigenen Interessen, Vernunft der Wahrnehmung des Gesamtinteresses.«

Wäre es da nicht ein Gebot der Selbsterkenntnis, die delphische Aufforderung »Erkenne dich selbst!« mit der Ergänzung »durch das Erkennen der Verzerrung deines Selbstbildnisses« zu vervollständigen?

Gesetze sind für den Bürger da!

Wenn der Wahlzirkus um den Bundespräsidenten auch höchst ärgerlich und peinlich ist, so hat er für den Durchschnittsbürger doch etwas Erfreuliches bewirkt: seine Befreiung vom latenten Minderwertigkeitskomplex gegenüber dem allmächtigen, alles besser wissenden Staat, der ihn mit immer mehr zusätzlichen Verordnungen, Verboten, Kontrollen piesackt und entmündigt. Sowohl die Pleite der Präsidentenwahl mit der folgenden Wiederholungskomödie als auch der unglaubliche Rechnungshofbericht über die total verschlampte Haushaltsgebarung des Bundes haben den braven, folgsamen Bürger erkennen lassen, dass Gesetze offenbar nicht für den Bürger, sondern die Bürger für die Gesetzesmacher da sind – zur Legitimation für deren Existenzberechtigung.

Der derzeitige Zustand der anachronistischen Ministerialbürokratie sollte sofort Anlass sein für die längst geplante Totalreform der öffentlichen Verwaltung; mit Abschaffung obsolet gewordener Gesetze, Verbote, Verordnungen. Man beginne nicht, Schuldige zu suchen, sondern erinnere sich lieber an ein Bibelwort, das da lautet: »Warum siehst du den Splitter im Auge deines Bruders und wirst des Balkens in deinem eigenen nicht gewahr?«

Alles im Leben hat zwei, manchmal auch mehr Seiten. Der tragische Tod eines einjährigen Buben infolge der Attacke eines Rottweilers war für mich Anlass, über die Mehrschichtigkeit des Lebens nachzudenken.

Die Großeltern hatten mit dem Enkel in Wien-Donaustadt gespielt, als der Hund das Kind in den Kopf biss. Ein umso tragischer Vorfall, da die Volksanwaltschaft erst im Sommer zuvor die Laschheit der Behörden gegenüber Hundehaltern bemängelt hatte. Anlass dafür war ein oftmals ohne Leine und Maulkorb geführter Bullterrier im Wiener Donaupark, der immer wieder kleinere Hunde attackierte, zwei Hunde zu Tode gebissen und mehrere Menschen verletzt hatte. Das Tier wurde dem Besitzer trotz Anzeigen und Verfahren erst nach dem dritten Vorfall abgenommen.

Der Volksanwalt hatte das zögerliche Verhalten der Landespolizeidirektion Wien bis zur Abnahme des Hundes ohne Erfolg kritisiert, worauf ein Vertreter der LPD erklärte, dass die von der Behörde gesetzten Maßnahmen ausreichend gewesen wären. Auch in diesem Fall wurden zweigleisige Behördenzuständigkeiten als Grund für Verzögerungen angeführt.

Der Tod des Buben hatte politische Konsequenzen: Im Zentrum der im November 2018 beschlossenen Tierhaltenovelle steht eine 0,5 Promillegrenze für die Halter von Listenhunden, bessere Kontrollmöglichkeiten für die Polizei, strenge Strafen bei Verstößen, mehr Kompetenzen für die Prüfer des verpflichtenden Hundeführscheins sowie eine generelle Maulkorbpflicht für alle Listenhunde.

Wie so oft, musste erst etwas passieren, bevor man sich zur Lösung eines anstehenden Problems entschloss.

Diesmal in eigener Sache

Erstens: Das Künstlerheim in Baden, dessen Präsidentin ich bin, ist ein privates und beispielhaft familiär geführtes Künstlerseniorenheim und wird, ebenso wie alle öffentlichen Heime, turnusmäßig und unangemeldet auf Einhaltung aller gesetzlichen Vorschriften kontrolliert. Alles wurde bis dato für in Ordnung und bestens geführt befunden. Zweitens: Die Volksanwaltschaft wurde seinerzeit von Kreisky nach schwedischem Muster als Beschwerde- und Hilfsstelle für Bürger geschaffen, zur Klärung von Rechtslagen und als Schlichtungsinstrument, wenn der Bürger sich durch staatliche Maßnahmen oder Gemeindestreitigkeiten benachteiligt und geschädigt fühlt. Drittens: Es erscheinen unangemeldet, ohne Anlass, drei Frauen im Heim, mit dem Amtsauftrag der Volksanwaltschaft zur Kontrolle all jener Einrichtungen und gesetzlichen Auflagen, die seit Bestehen des Heimes von den zuständigen Ämtern laufend kontrolliert werden.

Fazit: In welchem Land leben wir eigentlich? Wer, bitte, kontrolliert und dokumentiert hier wen und wozu? Oder leben wir bereits in einem Stasi-DDR-Nachfolgestaat, wo derart unverschämte Bespitzelung perfekt funktionierte? Wo sind wir? *Das* ist ein Fall für den Volksanwalt.

Junge Katzen beißen sich beim Spielen gerne in den eigenen Schwanz. Die daraus abgeleitete Redensart hat damit wenig zu tun. Sie deutet auf einen Widerspruch, eine paradoxe Situation oder einen Teufelskreis hin, in denen sich Ursache und Wirkung gegenseitig bedingen. Die daraus entstehende Kreisförmigkeit ist eine Endlosschleife, deren Abbruch niemals eintritt und ihr den Anschein eines Perpetuum mobile verleiht.

Die Endlosschleife als Metapher für das Ewige ist selbst ein sich in der Schatzkammer der Kulturgeschichte ewig wiederholendes Motiv. Leicht möglich, dass der in den Märchen gängige Schlussakkord »Und wenn sie nicht gestorben sind, dann leben sie noch heute« die erste solche Ewigkeitsschleife war. Ewiges Glück ist und bleibt des Menschen innewohnende Hoffnung, Gefundenes nicht wieder zu verlieren. Und was sind junge spielende Katzen, die sich zu Kugeln zusammengerollt in den Schwanz beißen, anderes als ein diese Hoffnung verkörperndes Sinnbild?

»Allem Zukünftigen beißt das Vergangene in den Schwanz«, heißt es bei Nietzsche. Und in diesem Sinne lässt sich rückblickend das von Stufe zu Stufe voranschreitende Leben als ein ewiges Werden und Vergehen besser erkennen als in der Jugend, wo die auftürmende Lebensstiege noch hinaufzusteigen ist. Dabei ist nur eines wichtig: dass wir auf keiner Stufe so lange verharren, bis Erschlaffung und Lähmung eintreten. Wir sind heute nicht mehr die, die wir gestern schienen und morgen sein werden, und dennoch sind wir im Kreislauf des Lebens stets die, die wir von Anbeginn waren.

Und dass es so ist, finde ich gut.

Eine Katze namens Trump

Nun also hat der Facility Manager und der Bath Coach – ehemals Hausmeister und Badewaschl – einen neuen Kompagnon bekommen: den genialen Narrator Trump. Ein Narrator, so habe ich es vor Langem einmal gelernt, ist der Erfinder von Geschichten, die unter dem lateinisch-anglisierten Begriff »Narrativ« seit einiger Zeit auch bei uns zum Modewort mutiert sind.

Seither wird fast alles, was verbal, digital oder schriftlich irgendwo auftaucht, zu einem sogenannten »Narrativ« verarbeitet, egal, ob es sich um ein Faktum, eine Lüge, einen Betrug, eine Vermutung oder Behauptung in guter oder böser Absicht handelt.

Aus einem Nebensatz des genialen Narrators Trump erwachsen mittlerweile Fortsetzungsromane mit Krimizusatz, wütend-brutale und zustimmende Fernsehsketches, alles in allem also ein Unterhaltungsprogramm mit nie geahnten Einschaltquoten.

Wann kommt eigentlich der Augenblick, in dem sich alle Beteiligten inklusive der Konsumenten der unseligen Win-win-Allianz bewusst werden, in die sie da hineingeraten sind? Und wie kommt man wieder heraus aus dem Teufelskreis, den man in Wien eine Katze nennt, die sich in den Schwanz beißt?

Welches Sternzeichen sind Sie? Diese häufige Frage verrät das menschliche Verlangen, sein Gegenüber einfach und rasch einschätzen zu können. Daran hat sich in Wirtschaft und Politik nicht viel geändert. Stell mir deine Daten zur Verfügung und ich sage dir, wer du bist, ist für Betriebe wie politische Parteien eine entscheidende Prämisse, um am Leben bleiben zu können. Nicht anders verhält es sich oft bei der Wahl der Schule oder eines Partners, um sicherzugehen, dass Stand und Bildung der Eltern »vererbt« werden.

Menschen können nach allerlei Gesichtspunkten kategorisiert werden. Das muss den Einzelnen nicht weiter kümmern, solange man ihm damit seine rechtsstaatlich zugesicherte Einmaligkeit nach algorithmischer Auswertung systematischer Befragungen nicht absprechen möchte.

Wobei ich beim Thema Bewertung wäre: Wenn alles, auch unser Handeln, digital erfasst und kommuniziert werden kann, dann wird es für die Bürger in einem Rechtsstaat zunehmend schwerer, in altbewährter Tradition wegzuschauen und wegzuhören, um den lieben Gott einen guten Mann sein zu lassen. Die #MeToo-Bewegung ist ein positives Beispiel dafür, was Information bewirken kann, wenn man sie couragiert zum Anlass nimmt, Wissen in Taten umzusetzen. Man stelle sich vor, welch Befreiungsschlag es wäre, wenn Bürger nicht nur bei Alltagssexismus, sondern auch bei anderen rechtlich zu ahndenden Übergriffen mit derselben Zivilcourage aktiv werden würden, damit Missstände beim Namen genannt und nicht unter den Gesellschaftsteppich gekehrt werden.

Dann wüsste die Gemeinschaft viel eher, mit wem sie es zu tun hat.

Muss es erst zum Himmel stinken?

Da gab es tatsächlich unter den vielen tadellosen Pflegeheimen im Land eines, in dem zwei pervertierte Pflegerinnen hilflose Demente auf das Abscheulichste quälen konnten. Dass die regelmäßige staatliche Kontrolle – samt peinlichst genau vorgeschriebener Dokumentation über alles – anstandslos abgelaufen ist, ist dadurch erklärbar, dass die Kontrollbesuche vorher angekündigt werden und daher genügend Zeit bleibt für Retuschen von Nichtherzeigbarem. Zutiefst erschreckend aber ist, dass jene Menschen, die jetzt als Zeugen aussagen, gleichzeitig zu- und wegschauen konnten, wie jene ihnen Überantworteten und Anvertrauten missbraucht und gequält wurden. Wieso reden sie erst jetzt? Auf die Frage bekam ich neulich folgende Antwort: »Da bekommt man nur Scherereien bei allem, wird für die Folgen verantwortlich gemacht. Mich hat man damals verantwortlich gemacht und fast hinausgeekelt. Und da kriegt man halt eben Angst.«

Was ist los in unserem Land? Muss hier jeder vor jedem Angst haben, dass er um Haus und Hof gebracht werden kann, wenn er den Mund aufmacht? Muss es erst zum Himmel stinken, damit der Unrat weggeschafft wird? Nein, bitte. Schon in der Bibel steht: »Fürchtet euch nicht.«

Politiker müssen eine dicke Haut haben. Die einen meinen, um gegenüber all den auf sie gerichteten Attacken unempfindlich zu werden, die anderen, um noch stehen zu können, nachdem sich ihr Rückgrat in nichts aufgelöst hat.

Des einen Freud, des andern Leid ist jenes Paradoxon, womit Politiker tagtäglich konfrontiert werden. Heute obenauf, morgen untendurch ist oft nur eine Frage von Worten oder Bildern, die zum »richtigen« Zeitpunkt verbreitet werden. Gewünschtes Positives wie Negatives liegen im selben Schützengraben.

Wer den Zusammenhang zwischen Bildern, Worten und Redewendungen erkennt, der weiß um die Macht derselben, die von den Wählern völlig unabhängig von ihrer wahren Bedeutung rezipiert werden. Da ist der Brückenschlag zwischen Politik und Theater gerade in unserem Medienzeitalter ein Gebot der Stunde. Der kausale Zusammenhang zwischen dem bildhaften Denken der Masse und der psychologischen Macht von gut gespieltem und inszeniertem Theater führte zur Erkenntnis, dass nichts die Phantasie des Volkes so stark anregt wie Theaterstücke, die das Bild in seiner klarsten Form geben.

Sobald aber so ein politisches Bild sichtbare Kratzer erhält, muss es, wie auch im Theater üblich, vom Spielplan gestrichen oder in einer Neuinszenierung auf die Bühne gebracht werden. Dass dabei die Besetzung von Rollen dem Lauf der Zeit Rechenschaft schuldig ist, versteht sich von selbst.

Dann erhalten die Mimen, ob Künstler oder Politiker, von ihren Nachfolgern noch eine Auszeichnung mit ein paar netten Abschiedsworten, bevor die Komödie ihr endgültiges Ende nimmt.

Salut für die Rathaus-Maria

Obwohl ich fast keine ihrer Ansichten geteilt und keine ihrer Unternehmungen unterstützt habe, weiß ich schon jetzt, dass sie mir abgehen wird. Sie wird mir fehlen, weil sie eine Politikerin war, die sich – rücksichtslos gegen sich selbst, um gehört zu werden, für ihre Vorstellungen von einer lebenswerteren, besseren Welt – an den Pranger stellte: Maria Vassilakou, Göttin der Radfahrer, Teufel der Autolenker und beides zusammen für die Fußgänger. Mit ihrem erdbebensicheren Selbstbewusstsein hat sie auch die routiniertesten Gegner sachlich zu Tode argumentiert, unleidlich in ihrer Unermüdlichkeit, aber immer wieder erstaunlich erfolgreich.

Darum muss man, ob man will oder nicht, ganz unabhängig von den Resultaten ihrer Amtstätigkeit Frau Vassilakou zum Abschied dafür danken, dass sie unseren Polit-Granden und deren Spindoktoren ein Beispiel gegeben hat, dass gegebenenfalls eine einzige Person, die sich und ihre Ideen authentisch vertritt, mehr erreichen kann als die Rechenkünstler sämtlicher Agenturen. Dass Frau Vassilakou außerdem, vielleicht auch vor allem, die ideale Gallionsfigur für die demnächst fällige Gründung einer #NotMe-Bewegung wäre, sollte man nicht versäumen, ernsthaft in Erwägung zu ziehen.

»Wenn jemand eine Reise tut, so kann er was erzählen.« Dieses Zitat von Matthias Claudius ist nur eines von vielen, das die lange geistesgeschichtliche Reise bis in unsere Tage geschafft hat.

Die Menschheit ist ein reisendes Volk. Aufbrechen, um sich auf den Weg zu machen, ist ein zutiefst menschliches Anliegen. Unsere Sehnsucht nach Rast und Ruh dürfte daraus entstanden sein, dass wir zwanghaft Rastlose und Unruhige sind.

Selbstverständlich reisen wir aus unterschiedlichsten Gründen. Der eine, um Geschäfte zu erledigen oder Handel zu betreiben, der andere, um Neues zu entdecken und zu erforschen, die allermeisten jedoch, um im Urlaub ihrem Alltag zu entfliehen. Doch inwiefern entkommt man diesem, wenn man weder Land noch Leute und schon gar nicht Fremdes sucht, sondern, wie durch eine Studie belegt, das Gewohnte mit weniger Stress unter mehr Sonne wünscht? Der Was-der-Bauer-nicht-kennt-frisst-er-nicht-Kompass bestimmt zunehmend, an welchem sonnenüberfluteten Strand man im Urlaub sein Schnitzel mit Bier genießen möchte.

Da lob ich mir jene kleine Gruppe »sinnvoll Reisender«, die ihr Reiseprogramm nach sozialen Gesichtspunkten zusammenstellen und sich in fremden Ländern für andere engagieren, um sich und die Welt besser kennenzulernen. Denn wenn, wie Hans Magnus Enzensberger behauptet, der Tourismus das zerstört, was er sucht, indem er es findet, dann ist es umso schöner zu wissen, dass es auch Touristen der anderen Art gibt, die, indem sie das finden, was sie suchen, anderen zu einem besseren Leben verhelfen.

Sollte das nicht in Wahrheit unser aller Reiseziel sein?

Modern Times und retour

Um zehn Uhr geht es per Taxi zum Flugplatz, wegen Straßenarbeiten und Stau in 50 statt in 20 Minuten. Am Ziel, der AUA-Abflughalle, sieht sich die unternehmungslustige Oma inmitten von Unmengen herumlaufender oder in Warteschlangen stehender Menschen und ist dankbar, dass sich eine freundliche AUA-Dame ihrer annimmt, sie zu der richtigen Schlange am richtigen Schalter geleitet und so weiter. Nachdem alles durchleuchtet und auch der Personality-Striptease-Check als unverdächtig befunden ist, begleitet ein liebenswürdiger junger AUA-Mann die Oma beim Endlos-Gatemarathon, versorgt sie beim Zwischenstopp mit einem Schluck Wasser und hilft ihr geschickt beim Mantelfalten für einen Bodenpolster zum Niedersetzen im Abflugwarteraum, da dort leider nur 100 Stühle für die 210 Airbus-Passagiere vorhanden sind.

Nach Verschiebung des Abfluges um eine Stunde und eineinviertel Stunden Flugzeit auf einem zerquetschenden Foltersitzplatz, nach Zielairport-Marathon mit einer folgenden Taxischlacht und der Aussicht auf Wiederholung von allem beim Rückflug nach Wien war die Oma urlaubsreif für ein paar Tage in ihrem geliebten Reichenau, eineinviertel Stunden entfernt, bequem erreichbar von zu Hause.

Was bedeutet uns Europäern heute noch unsere vielfältige Kunst und Kultur, unsere europäische Identität? Ich fürchte – abgesehen davon, dass sie durch die von ihnen angelockten Touristenströme zum Wirtschaftswachstum beitragen –, erschreckend wenig.

Erschreckend deshalb, da wir nur noch um den vom Kulturtourismus vermittelten »materiellen« Wert unserer Kunstdenkmäler wissen, aber immer weniger über die mit ihnen zum Ausdruck gebrachten Werte. Kunst und Kultur sind im heutigen Europa zu sinnentleerten Produkten verkommen.

Das angeblich aufgeklärte Europa benötigt dringendst eine kulturelle Aufklärung, um effektive Schadensbegrenzung zu betreiben. Ohne eine solche stehen wir vor der Widersinnigkeit, ein Europa ohne Europäer zu schaffen. Ein Europa, welches in Bezug auf das Verständnis europäischer Kunst und Kultur auf beiden Augen erblindet ist, da der Schlüssel zum Verstehen der jüdisch-christlich-humanistischen Kunstgeschichte aus politischer Correctness in den Fluss der Vergessenheit geworfen wurde.

Es müsste modernen Europäern verständlich gemacht werden, wie kompliziert und ungemein verfahren der Sachverhalt »Europa« nach einer zweitausendjährigen Entwicklung ist. Wenn wir die Schönheiten unseres Kontinents zu Markte tragen, dann müssen wir das auch mit dem weniger Schönen tun. »Denn wer vor der Vergangenheit die Augen verschließt, wird«, laut Richard von Weizsäcker, »blind für die Gegenwart.«

Europa – Zeit zum Aufwachen!

Während sich im kleinen Europa die verschiedenen Schrebergartenrepubliken gegenseitig mit ihren Repräsentanten das Leben schwer machen und der große Bruder im Westen sich als Zirkusdirektor profiliert, der sich immer heilloser mit Freund und Feind verwittert, treffen sich ohne viel Aufsehen im Fernen Osten die zwei koreanischen Todfeinde von gestern, Kim Jong-un und Moon Jae-in, zu Stärke demonstrierenden, konstruktiven gemeinsamen Gesprächen.

Wäre dieses Treffen nicht Anlass für Europa, zu fragen: Auf was oder wen warten wir eigentlich zur Lösung unserer Probleme? Wenn wir weiterhin in partikuläre Befindlichkeiten zerbröseln, anstatt unsere große, 2000-jährige Kulturgeschichte als lebendiges Konvolut zu erhalten und als kostbares Erbe weiter zu gestalten, können wir wirklich nichts anderes mehr als weiterwurschteln und warten, bis dann eines Tages Kim und Moon in überraschender Freundschaft mit Putin und China die schlafend zerbröselnde EU erfolgreich entsorgen.

Ist sie wirklich so kraftlos und verschlafen, die EU, wie es den Anschein hat? Dann wäre es endlich an der Zeit, die Augen aufzumachen und die Schrebergartenpolitik zu verlassen.

X Wo Gefahr ist, wächst das Rettende auch!

Auf den Punkt
gebracht!

Der Mensch ist ein Sucher, der neue Wege findet, aber nicht unbedingt jene, die er braucht. So verdurstet mancher am Ufer auf der Suche nach des Flusses Quelle.

Wer wissen möchte, was Herrn und Frau Österreicher im Jahr 2017 wirklich bewegte, der schaue sich den Jahresrückblick von Google Trends an. Die Top 5 Suchbegriffe des Jahres in absteigender Reihenfolge waren: Nationalratswahl, iPhone 8, Donauinselfest, iPhone X und Dschungelcamp; die meistgesuchten Schlagzeilen: Nationalratswahl, Fidget Spinner, Hurrikan Irma, Bitcoin Kurs und Katalonien Unabhängigkeit. Donald Trump, Peter Pilz, Nina Proll, Kevin Spacey und Bernhard Speer interessierten vor allem als Promis, die die Gemüter erhitzten. Menschen, die man durch ihr Ableben besonders vermisste, waren Chester Bennington, Sabine Oberhauser, Christine Kaufmann, Hugh Hefner und Chris Cornell. Die fünf am häufigsten gestellten Was-Fragen lauteten: Was ist G20?, Was soll ich kochen?, Liebestarot, was denkt er?, Sodbrennen, was tun? und Was ist ein Schuppentier? Abschließend und komplementierend dazu wurden folgende fünf Wie-Fragen gestellt: Wie wird das Wetter heute?, Abnehmen, aber wie?, Wie lange gilt die Vignette 2016?, Wie lange dauert eine Überweisung? und Wie lautet meine IP?.

Für mich besonders aufschlussreich an dieser Auflistung ist, dass ich die meisten Suchbegriffe nicht kenne und damit nicht einmal eingeben hätte können. Offensichtlich ist die Wahrnehmung ein und desselben Jahres für jeden von uns eine andere. Gusto und Ohrfeigen, sagt der politisch nicht immer korrekte Wiener, san halt verschieden!

2017 kann nur besser werden

Das vergangene Jahr 2016 war wahrlich ein grausiges, voll entsetzlichem Kriegselend, voll Flüchtlingstragödien im Nahen Osten und in Afrika. Und für Europa mit seinen 510 Millionen Bürgern und seinen Verbündeten war es ein beschämendes Jahr. Die Europäische Union, die nach der Katastrophe des Zweiten Weltkrieges zur Erhaltung und zum Schutz der gemeinsamen Werte, Interessen und Entscheidungen gegründet wurde, scheint nun an der ersten großen kontinentalen Herausforderung, dem Flüchtlingsproblem, kläglich gescheitert zu sein.

Die Folgen dieses blamablen Versagens sind nicht nur ein politisches Erdbeben, sondern auch eine Verunsicherung, Ratlosigkeit und Angst der Unionsbürger, die bald zur Devise »Rette sich, wer kann« führen könnte. Zum ersten Mal seit der Gründung der EU besteht auch die Gefahr des Auseinanderbrechens der kriegsblutig erkämpften Union. Doch wo Gefahr ist, sagt Hölderlin, wächst das Rettende auch. Und deshalb wollen wir hoffen, dass der Schock des Desasters vom vergangenen Jahr gleichzeitig der Ankick zur ernsthaften Neuordnung und Besinnung auf das Wesentliche ist.

Angela Merkel hat sich trotz der ereignisreichen Entwicklungen seit der Flüchtlingskrise 2015 im Amt gehalten. Ein politisches Erdbeben folgt dem anderen – wo man hinsieht, grinsende Populisten, die von der durch die Flüchtlingsströme anschaulich gewordenen Schwäche Europas am meisten profitieren, doch auch sie haben sich an der eisernen Haltung Merkels immer wieder die Zähne ausgebissen. Ich bewundere sie. Sie ist eine Persönlichkeit, die an ihre Sendung glaubt und jene Persönlichkeitsmerkmale besitzt, durch die sich Berge versetzen lassen.

Das soll aber nicht heißen, dass ich die jahrelang in Deutschland geführte Debatte über die Begrenzung der Amtszeit eines Kanzlers auf zwei Perioden nicht richtig finde. In den USA hätte Merkel bereits vor Jahren der hohen Politik Adieu sagen müssen. Der Gedanke, dass sich Trump ewig halten könnte, spricht dafür, dass man solch einen demokratiepolitischen Sicherheitsriegel installieren sollte. Dem bedrohlich wirkenden Sager »Vor der Wahl ist nach der Wahl«, womit nichts weiter als Machterhalt um jeden Preis signalisiert wird, wäre durch ein automatisches Ausscheiden eine zeitliche Grenze gesetzt.

Die Möglichkeit der Wiederwahl verleitet dazu, bei jedem politischen Handeln an die Auswirkungen auf die ersehnte Wiederwahl zu denken. Das lähmt den Agierenden wie die Politik und tut dem Staat nicht gut. Andererseits droht bei Machthabern ohne Wiederwahlchance die Gefahr, dass diese ohne Rücksicht auf Verluste tabuisierte Entscheidungen treffen. Wer sich jedoch erst traut, wenn er nichts mehr zu verlieren hat, sollte gar nicht Kanzler werden.

Bewunderung für Angela Merkel

Im Fernsehen wurde ein Porträt von Angela Merkel gezeigt. Unabhängig davon, ob man ihren politischen und religiösen Standpunkt teilt oder ihre Entscheidungen als richtig oder falsch einstuft, musste man sich eingestehen, dass man es mit einer politischen Persönlichkeit zu tun hat, von der man sich wünschte, dass es mehrere ihres charakterlichen Formats gäbe. Sie ist eine Person, die durch nichts in ihrem Wesen deformiert wurde, die auch nicht der Verführung erlegen ist, ihre große Intelligenz zur Demütigung von Freund und Feind auszuspielen. Sie lässt sich nicht spindoktrinieren und inszenieren, weder von anderen noch tut sie es selbst. Da steht sie also mit ihrer Ponyfransenfrisur und ihren zu engen und zu kurzen Jackerln, mit der ihr eigenen Selbstverständlichkeit, die, wenn sie einmal lächelt, etwas Schelmisch-Mädchenhaftes ausstrahlt. Und dann reißt diese unscheinbare Person mit Samson-Kräften Mauern nieder, lässt alle spekulativen Empfindungen zur Rettung der Werte des christlich-jüdischen Abendlandes außer Acht, geht unbeirrt geradeaus, mitten hinein in den Weltfeuerofen und tut, was ihr als Kind gelehrt wurde: »Den Flüchtigen sollst du Obdach gewähren und deinen Nächsten sollst du lieben wie dich selbst. Denn er ist wie du.« Ob sie siegen wird oder fallen: Sie wird bleiben, was sie immer war – sich selbst treu.

Politik ist die Kunst des Möglichen, solange greifbare Erfolge garantiert sind. Ohne Erfüllung dieser Voraussetzung verkommt sie rasch zur Kunst des Unmöglichen, die für alle unerträglich wird. Da, wo keiner von ihr was hat und sie der Menschen Bedürfnisse nicht ansatzweise befriedigt, verkommt Politik zu einer Untragbarkeit mit folgenschweren Auswirkungen für das Allgemeinwohl. Und wenn sie einmal so tief gesunken ist, dann stellt sich die Frage: Wozu das aufwendige Spiel, wenn es niemandem von Nutzen ist?

So absurd diese Frage klingen mag, so absurd ist die Tatsache, dass es an einem gewissen Punkt gesellschaftlicher Entwicklung weniger um Erneuerung als um Erhaltung geht – wer möchte schon verlieren, was er erworben hat? Und wo das eine Mehrheit zu befürchten beginnt, wird Politik zu einer Herrschaft der Verwaltung.

Eine gewaltige Aufgabe, die einen Großteil der Ressourcen fordert, die eine Gesellschaft zu bieten hat. Das führt dazu, dass eine gedeihliche Politik unausführbar wird – ein Kollateralschaden, den die Habenden im wahrsten Sinne des Wortes, man möchte fast sagen, aus tiefster merkantilischer Überzeugung, in »Kauf« nehmen.

Die Frage, wozu denn Politik noch vonnöten sei, wenn sich das gesellschaftliche Radl auch ohne sie dreht, fand mithilfe des Fernsehens eine Antwort. Wenn schon die Politik den Staat nicht mehr im klassischen Sinn zu unterhalten beziehungsweise aufrechtzuerhalten hat, dann kann sie das dank der Massenmedien als Politainment auf entspannende, zeitvertreibende Weise tun.

»Aber spielen tan s' es net«

Mit Bier, Wein und Pommes versorgt sitzen sie in ihren Wohnlandschaften vor dem Flachbildschirm, um beim abendlichen Unterhaltungsprogramm ihren Spaß zu haben. Diesmal ist es die Präsentation der Spitzenkandidaten für die kommenden Wahlen. Erfahrungsgemäß haben bei derartigen Sendungen verbale Großangriffe auf die gegnerischen Mitbewerber immer für höchste, nachträgliche Heiterkeit gesorgt.

Umso größer war diesmal die Enttäuschung, dass unsere Protagonisten Kern und Kurz, ebenso wie Merkel und Schulz in Deutschland, nahezu ganz auf Showeffekte mittels Herabwürdigung des Gegners verzichteten und sachlich pragmatisch das Regierungsprogramm ihrer Parteien vertraten. Jene Zuschauer, die sich ohne Event-Erwartung nur über das jeweilige Parteiprogramm informieren wollten, wurden ebenso enttäuscht, weil sie nur wenig neue und viele alte Hüte neu aufgemascherlt präsentiert bekamen. Erfreulich war hingegen, dass der Tonfall der Beteiligten moderat war.

Sollte es möglich sein, dass Politik und Medien aus dem Trump-Beispiel gelernt haben, wie lebensgefährlich Politikspaßunterhaltung werden kann? »Schön wär's, aber«, wie man in Wien sagt, »spielen tan s'es net«.

Junge Menschen sehnen sich nach Liebe und einem Sinn im Leben. Warum in aller Welt haben zwei so vage Begriffe in einer von Konsum diktierten Gesellschaft einen so hohen Stellenwert bei der Jugend? Zuneigung, Zuwendung, Wertschätzung und Verbundenheit haben offenbar eine Bedeutung für sie.

Sich einbringen dürfen ist für den Menschen die höchste Form der Anerkennung. Gebraucht und angenommen werden sind Voraussetzungen, damit Geleistetes nicht als Alibihandlung, sondern als Beitrag zu etwas empfunden wird. Niemand vertrödelt gerne seine Zeit oder möchte das fünfte Rad am Wagen sein.

Soziale Arbeit als Dienst am Nächsten ist eine Möglichkeit, humanitäres Gedankengut sowie demokratische Ideale abseits parteipolitischer Pfade in die Tat umzusetzen. In ihrer konkreten Auswirkung ist sie oft politischer als abgeschmackte Tagespolitik. Einem einzigen Mitmenschen aktiv zu helfen, ist für eine demokratische Gesellschaft eine nachvollziehbare Legitimation ihres Seins. Den Unterschied zwischen Demokratie oder Diktatur macht am Ende einzig und allein der gelebte Umgang mit Mitmenschen aus. Erst durch diesen werden Menschenrechte zu etwas Lebendigem.

Traurig, dass jene, die unserem Gemeinwesen viel Segen bringen, gesellschaftlich wie finanziell einen geringen Stellenwert haben. »Rette ein Leben und du bist ein Held; rette hundert Leben und du bist eine Krankenschwester!« ist ein geläufiger Spruch, der dieses Missverhältnis ausdrückt. Ein untrüglicher Beweis dafür, wie wenig uns die sich für unsere demokratischen Werte entscheidenden Menschen wert sind.

Ein Zuhause im Kabelwerk

Wer, außer dort arbeitenden Menschen, ist jemals von der Triester Straße abgezweigt, um den in Emmentaler-Architektur entstandenen neuen Südstadtteil zu erkunden? Wer weiß, dass es auf den Kabelwerkgründen in drei Stockwerken eines Hochhauses ein wunderbar gelungenes Modell für ein Zusammenleben von Menschen zu entdecken gibt, die der Alltag überforderte und die hilflos ein elendes Dasein führten? In Gruppen von zehn, zwölf Bewohnern leben Jüngere und Alte mit und ohne auffällige Behinderung als Familie, als eine Art Wahlverwandtschaft. In einem großen, hellen Wohnzimmer leben sie gemeinsam. Der eine zeichnet, der andere spielt Karten, aber einer will seine Ruhe haben und zieht sich in sein Zimmer zurück, sein Privatissimum. Diplomierte Krankenschwestern und eine menschenfreundliche Leiterin sorgen, stets präsent, aber nicht aufdringlich, für die nötige Pflege. Auch immer auf ihr Freiheitsbedürfnis achtend, was für ein sinnvolles Dasein unabdingbar ist.

Diese wunderbare, vom Fonds Soziales Wien geförderte Institution »Betreutes Wohnen im Kabelwerk« lässt den vom wiehernden Amtsschimmel oft verärgerten Bürger einmal so richtig stolz auf seine Heimatstadt Wien sein.

Dienst am Nächsten ist eine wertvolle Leistung, der man gesellschaftspolitisch nicht genug Aufmerksamkeit schenken kann. Wir sind als Menschen aufeinander angewiesen, der eine mehr, der andere weniger. Keiner kommt aus eigener Kraft zur Welt, keiner kann als Säugling selbstständig überleben, keiner kann sich selbst erziehen und bilden, keiner ohne die Arbeit und Leistung anderer eigene Arbeit und Leistung vollbringen. Wenn es in unserer »Wissensgesellschaft« etwas gibt, das ausnahmslos alle wissen sollten, dann, dass wir in einer global vernetzten Welt voneinander abhängig sind.

Doch etwas zu wissen, ohne ein Bewusstsein dafür zu haben, ist vergebene Liebesmüh. Daran scheitern die unzähligen Schulreformen, die auf Wissenswertes, aber nicht auf das Bewusstsein für den in diesem Wissen zu findenden Wert ausgerichtet sind.

Da finde ich den Grundwehrdienst oder den diesen ersetzenden Zivildienst für engagierte junge Männer eine richtungsweisende Einrichtung. Ob als Grundwehrdiener oder Sanitäter, ob als Betreuer in Altersheimen, Krankenhäusern, Verwaltungsmitarbeiter oder Schülerlotse und dergleichen mehr – die nach erfolgter Ausbildung anschließende Integration in die Arbeitsabläufe einer zugewiesenen Stelle ist eine Erfahrung fürs Leben, die dem Menschen wie der Gesellschaft zugutekommt.

Dass diese Lebensschulung für Frauen immer noch nicht verpflichtend ist, finde ich kontraproduktiv. Sie würde den jungen Frauen ebenso guttun wie den Männern, könnten sie dabei doch ihren »Mann« stehen.

Mit Dank an die Wiener Rettung

Eine alte Frau, sehr alt, alleinstehend, aber hellwach und mobil, nur seit Jahren an Asthma leidend, verkühlt sich und bekommt einen schweren Asthmaanfall. Sie wählt die Nummer des Ärztenotdiensts. Dort hört sie selige Walzermusik, dann eine freundliche Stimme, die ihr rät, zu warten, bis … und ihr erzählt, dass der Anruf aufgezeichnet wird … Die Alte unterbricht und ruft mit letzter Kraft die Rettung, die nach wenigen Minuten auch kommt. Eine überaus kompetente junge Ärztin erkennt die lebensbedrohliche Situation, verabreicht die rettende Injektion und überzeugt mit Engelsgeduld die zwar noch hechelnde, aber schon wieder gewohnt aufmüpfige Alte, dass ein sofortiges Röntgen unumgänglich ist. Drei rücksichtsvolle Sanitäter helfen beim Abtransport, die liebenswürdige Ärztin begleitet die Rollbahre bis direkt in die Notstation im Allgemeinen Krankenhaus, wo die Patientin sofort bestens versorgt wird.

Fazit: Der Ärztenotdienst ist im Ernstfall für den Hugo. Im Notfall die fabelhafte Rettung der Stadt Wien rufen. Übrigens: Die 90-Jährige möchte von Herzen den rücksichtsvollen Sanitätern und der tüchtigen Ärztin danken, die mit Nachnamen so geheißen hat wie der ehemalige kugelrunde Problembischof von St. Pölten.

Das Jahr 1953 brachte steigende Einnahmen sowie Unterstützungsgelder für »Künstler helfen Künstlern«. Ermöglicht wurde dies durch die Erschließung neuer Einnahmequellen.

Zum ersten Mal wagte man sich an die Durchführung einer Sportveranstaltung. Das als »Match des Jahrhunderts« apostrophierte Fußballspiel »Künstler gegen Kritiker« fand am Samstag, dem 27. Juni, auf dem Sportplatz des FC Wacker in Meidling statt.

Zu dem von der Gendarmeriekapelle angestimmten Vorspiel des *Bajazzo* liefen die für KhK kämpfenden Künstler unter dem Jubel von Tausenden auf das Feld. Ein wenig despektierlicher mussten ihre Kontrahenten, die Kritiker, unter den Klängen des Johann-Strauß-Couplets *Ja, das Schreiben und das Lesen ist nie mein Fach gewesen* sich den johlenden Zuschauern präsentieren.

Die von KhK aufgestellte Mannschaft stürzte sich in den Kampf und erzwang durch einen 4:1-Sieg eine Sensation. Josef Meinrad, der »Panther vom Burgtheater«, wie er nach seiner Darbietung als Tormann genannt wurde, hielt zahlreiche »Unhaltbare« sowie einen Elfmeterschuss in einem wahren Raubkatzenstil.

Die »Rache« der Theaterleute an ihren Kritikern galt als gelungen. Bei den Gipsverbänden trennten sich die Mannschaften allerdings mit einem eindeutigen Unentschieden. Einer zierte den rechten Arm des Journalisten Richard Nimmerrichter, der andere das linke Bein des gefeierten Kammersängers Erich Kunz. Er nahm es mit Humor und sagte in einem Interview: »Ja, sehen Sie: In der Oper zu singen ist gar nicht so schwierig, aber das Fußballspiel muss gelernt sein.«

Fußballer helfen
»Künstler helfen Künstlern«

Also, um ganz ehrlich zu sein: Ich bin ein Sportmuffel, der mit jeglicher Art von Leistungssport überhaupt nichts anfangen kann. Schwimmen, Wandern, alles nur zu meinem Vergnügen, ohne alle Ambitionen. Dennoch gab es Fußballmatches, die ich mit Begeisterung, lautstark, leidenschaftlich auf der Tribüne miterlebte. Ich muss aber ehrlich gestehen, dass meine temporäre Begeisterung nicht mit dem Ball, sondern den Spielern und vor allem mit einem zu tun hatte, dessen glühender Fan ich bis heute geblieben bin: Plácido Domingo.

Seit der Gründung des Vereins »Künstler helfen Künstlern« im Jahr 1949, der seit 1964 auch das schöne Seniorenheim in Baden betreibt, unterstützen viele Aktive, oft auch Weltstars mit Gagenspenden den Verein. Und die öffentlichen Fußballspiele Oper gegen Kritiker, Burgtheater gegen Oper und so weiter waren hier richtige Highlights. Was kein Wunder ist, wenn man sich nur die Namen der Allerprominentesten ansieht: Maximilian Schell, Fritz Muliar, Klaus Maria Brandauer, Heinz Holecek, Helmuth Lohner … und dann eben mein Domingo, gleich drei Mal mit Söhnen! Irgendwann, wieso weiß ich nicht, vielleicht, weil nicht nur ich allein älter werde, war's aus mit den Spielen. Heute sind sie Legende. Sic transit gloria mundi.

Es wäre wunderbar, wenn man gegen Ende seines Lebens all das wüsste, was man im Laufe desselben gelernt hat. Doch die Realität ist eine strenge Lehrmeisterin, die das Vergessen zum Hauptfach ihres Lehrplans macht.

Die Erkenntnis, dass unser Hirn siebähnliche Neigungen hat, wurde erst in der zweiten Hälfte des 19. Jahrhunderts durch den deutschen Psychologen Hermann Ebbinghaus wissenschaftlich belegt. Erschreckenderweise könnte die von ihm entwickelte Vergessenskurve gleichwohl für die Undichtheit eines Wasserreservoirs herangezogen werden, lässt doch unser Schädel bereits nach 20 Minuten bis zu 40 Prozent widerstandslos auslaufen. Müßig zu erwähnen, dass sich die Spirale beinahe unaufhaltsam nach unten weiterdreht und auf lange Sicht das einst Gelernte so gut wie außer Sicht sein wird. Wir können von Glück sprechen, wenn kümmerliche 15 Prozent des Gelernten erhalten bleiben. Dass die Wissenschaft in etwa zur selben Zeit Gletscherschwund und Gedächtnisschwund als Fachgebiete entdeckte, ist ein interessantes Detail am Rande.

Erinnern und Vergessen ergänzen sich wie Sonne und Mond. Wozu dann der ganze Lernaufwand, wenn das Erlernte letztlich in den Fluten Lethes als missglückte Mühe immer wieder aufs Neue weggeschwemmt wird?

Die Antwort auf diese Frage mündet in sich überbietenden Schulreformen, denen allesamt ein Denkfehler zugrunde liegt: dass Prüfungen einen ewig gültigen Nachweis für das Wissen in einem Fach darstellen. Dabei gleichen sie eher Röntgenbildern, die als Momentaufnahmen keinerlei Bürgschaft für den Befund kommender Tage sind.

So kann Literatur im Alter trösten

Von einem 15-jährigen glücklichen HTL-Schüler erfahre ich, dass nun endlich das Gedächtnis nicht mehr flächendeckend mit dem unsinnigen Auswendiglernen von Balladen und Gedichten missbraucht wird. Und dass dadurch Platz geschaffen wurde für mehr zeitgemäßen, praxisorientierten, wirklichkeitsbewussten Unterricht. Man lernt jetzt unter anderem, alles Gedruckte noch gründlicher und genauer zu analysieren und zu hinterfragen. Man lernt, wie geordnete Formen von Rede und Antwort abzufassen sind, vor allem bei Bewerbungsschreiben. Man weiß ja noch nicht, dass Bewerbungsschreiben heute überhaupt nicht mehr beantwortet werden oder höchstens eines von hundert.

Da fällt mir meine Mutter ein. Als sie mit 95 Jahren kaum mehr lesen und hören konnte, begann sie, in ihrem intakten Langzeitgedächtnis zu stöbern, und fand dort die letzten Freunde ihres Lebens. Stundenlang rezitierte sie mit Begeisterung die großen Parabelballaden und Gedichte, die sie als Kind gelernt hatte, von Friedrich Schillers *Glocke* bis zu Heinrich Heines *Buch der Lieder*.

Was werden wohl die alt gewordenen Jungen von heute aus ihrem Langzeitgedächtnis ausgraben? Bewerbungsschreiben?

Wer kennt sie nicht, die Floskel »Ich sag's nur dir, sag's niemandem anderen«! Viele unter dieser Bedingung Eingeweihte empfinden den Deal als regelrechte Zumutung. Und was ist denn schon ein Geheimnis anderes als eine Jungfrau mit Kind, an deren Keuschheit nicht gezweifelt werden darf? Dabei weiß doch jeder aus eigener Erfahrung, dass nichts so erzählungswürdig ist, wie Jungfrau-mit-Kind-Geschichten.

Und da können wir Frauen, wenn es um das Nicht-Halten des zu Haltenden geht, laut einer amerikanischen Studie uns ein Vorbild an den Männern nehmen; und das, obzwar man die Damen erblich bedingter Tratschsucht bezichtigt. Doch mit einem Mal wird alles bisher Gedachte infrage gestellt und die Bassena als Ort geistig hochstehender Auseinandersetzungen gesehen. Der Grund dafür liegt darin, dass Männer jene sind, die binnen Minuten das weitergeben, was sie für sich zu behalten versprochen hatten, während sich Frauen ganze drei Stunden zurückhalten, bis sich ihr Tratschventil öffnet.

Tratschen wird nach neuesten Erkenntnissen als genderfreier Sport von beiden Geschlechtern emsig betrieben, auch wenn Tratsch so manche Beziehung zerstört.

Problematisch für den Empfänger wird es, wenn das Ausgeplauderte nicht bloß schlimm, spannend oder schmutzig ist und vielleicht sogar empathische Anteilnahme von ihm fordert. Dann wird aus dem erhofft spaßigen Tratsch eine ernsthafte Mitteilung, die einen ins Boxhorn des Gewissens jagt. Mancher Turnier-Tratscher ist darüber derart erbost, dass er für Geheimnisse, deren Inhalt mehr als schlimm, spannend oder schmutzig ist, Datenschutz fordert.

Schutz vor Verblödung

Frei nach Schiller könnte man sagen: »Es ist der Fluch jeder Verordnung, dass sie fortzeugend immer neue muss gebären.« Bis endlich der Bürger, für dessen Wohl sie erlassen wurde, zum Wutbürger mutiert ist, weil ihm kein Freiraum mehr übrig bleibt für eigenständiges Tun und Denken, er sich außerdem noch selbst zuschauen muss bei seiner eigenen Verblödung. In seltenen Fällen kann die unerträgliche Verordnungslawine zum Beispiel beim Datenschutz allerdings auch einen erstaunlichen Unterhaltungswert erlangen.

Eine freundliche Laborantin kommt zu einer durch Unfall eingegipsten alten Dame in die Wohnung für eine auf Krankenschein verordnete Blutabnahme. Die vergipste Patientin bittet danach, den Befund nicht nur dem Überweisungsarzt, sondern in Kopie auch ihrem Hausarzt und ihr selbst zuzuschicken. Dafür muss sie nun laut amtlicher Vorschrift drei Vollmachten-Formulare unterzeichnen, um den Datenschutz außer Kraft zu setzen: für den Überweisungsarzt, den Hausarzt und auch für sich selber. Da bittet die alte Dame die freundliche Laborantin beim Abschied, sie fest in die Wange zu zwicken. Damit sie prüfen kann, ob nicht aus Versehen neben ihrem Arm auch ihr Hirn eingegipst wurde.

»Le congrès danse, mais il ne marche pas« – der Kongress tanzt, aber er kommt nicht voran. Dieses von Fürst de Ligne stammende Aperçu hat hinsichtlich der sich schwerfällig entwickelnden Neuordnung Europas nach den Napoleonischen Kriegen nichts an Aktualität verloren. Europa, der hilflose, kranke Koloss ohne Kompass, sucht seit über zweihundert Jahren nach einer, manche behaupten sogar nach *seiner,* Identität. Wie schade, dass die Hoffnung darauf sich zumeist nur auf zusammenschweißenden Protest gegen aktuelle »Feindbilder« stützt. Mit einer Heute-dies-morgen-das-Politik lässt sich eventuell kurzfristige Wirtschaftspolitik betreiben, aber mit Sicherheit kein Kontinent namens Europa gründen.

Die von Brüssel und dem jeweiligen Land mit EU-Ratsvorsitz geschaffenen und in die Welt gesendeten Bilder sollen den Eindruck von Einheit in der Vielfalt erwecken. Die Bilder der Tagespolitik, welche auf der Hinterseite dieser Stillleben zu sehen sind, haben indessen noch keinen wirklichen Fortschritt für die Entstehung des dringend nötigen Gesamtbilds eines vereinten Europas gebracht. Die Stimme Europas hat sich mit ihrem kulturell so reichen Gesang bis heute in der derben Kakophonie der Nationen kein Gehör verschaffen können.

Das Ende der EU wäre nicht das Ende der Geschichte, aber das Ende von vielem, was die Welt in der Vergangenheit bereichert hat und in der Zukunft noch bereichern könnte.

Hoffen wir daher auf das Unverhoffte, im Wissen, dass der Schuss immer aus der anderen Richtung kommt!

Aufforderung zum letzten Walzer

Da stehen sie lächelnd, die 25 EU-Kommissare neben ihrem Hochkommissar, und unter dem Foto liest man: »Eine Einigung konnte nicht erzielt werden.«

Warum fällt mir da der Kriegsflüsterwitz aus dem Jahr 1943 ein? Der kleine Maxi hat einen Globus bekommen und fragt den Papa: »Das Rosa oben und die vielen rosa Punkterln – was ist denn das? Da sagt der Papa: »Das ist England mit den Kolonien.« – »Und das Violette?« – »Frankreich und die Kolonien.« – »Und das große Gelbe links?« – »Die Vereinigten Staaten von Amerika.« – »Und das Grüne, das ganz Große?« – »Das ist die Sowjetrepublik.« Da schaut der Maxi, begeisterter HJ-Fähnleinführer, entsetzt den Papa an und sagt: »Weiß denn das der Führer?«

Und heute, 74 Jahre nach dem Untergang von halb Westeuropa, das nur durch den reichen Onkel aus Amerika nicht in einer biblischen Hungerkatastrophe endete, lassen die Kommissare ausrichten: »Leider keine Einigung erzielt.« Diesmal allerdings kehrt uns der reiche Onkel sein Hinterteil zu und ruft: »America first!« Wenn Europas Staatsführer sich weiter als obstinate Schrebergärtner präsentieren, wird sich der kluge, zielbewusste Putin friedlich das ruhmlose Zerbröseln Europas bei Hochzeitsfeiern ertanzen.

EPILOG

Weihnachten ohne Rabatt

Nun also, wie alle Jahre wieder, sind sie da: die Weihnachten, vom Handel als »Fest der erfüllten Wünsche mit 25 Prozent Rabatt« angepriesen. Und da denke ich zurück an die alten, abgelebten Weihnachtszeiten und Menschen von damals; an Gaben, Schneegestöber, an die längst vergangene Jugendzeit, die zornige, unangepasste Kampfzeit für und gegen alles Etablierte; die Zeit der 1000 unerfüllten und unerfüllbaren Wünsche.

Jetzt bin ich alt – uralt, hätte man in meiner Jugend gesagt. Und ich frage mich, warum eigentlich die meisten Menschen nur jung bleiben wollen. Wo doch das Alter, so man halbwegs in der gesundheitlichen Lage ist, es zu leben, das wunderbarste Geschenk ist. Weil es endlich die in der Jugend so ersehnte Freiheit des Handelns, Denkens und Sagens und – entgegen T. W. Adornos Diktum, dass dies unmöglich sei – die Freiheit des richtigen Lebens im falschen ermöglicht. Unabhängig von Lob und Tadel, von Hohn und Spott. Und ohne Rücksicht auf sich selbst nehmen zu müssen.

Alter, Jugend und davor und danach die Ewigkeit, in der ich das Christkind einmal leibhaftig gesehen habe, zu Weihnachten im Jahr 1930. Ich kann's beschwören.